油漆式速記法

記憶就像刷油漆，凡刷過必留下痕跡

ENG英語智慧教學
發明人 吳燦銘 著

【推薦序二】

熱情研發　創新思維

教育是國家根本大計，有一流的教育，才能有一流的人才。本人長期在學術界服務，相當關心在當前教育體制下，怎樣能提供學生更創新的學習方式與更好的教育資源。

現今台灣已走向全球化經濟，任何企業組織在積極開拓業務的同時，勢必會有大量與國際接軌的機會。英文可以說是目前最具代表性的國際性語言，英文能力越好，當然就有更多的機會，可以在職場上發揮長才。

這幾年政府也積極推動全民英檢，國際上也不乏專業機構制定的證照檢定。因此有愈來愈多的大專院校，都已朝向通過某種英檢，作爲學生畢業的門檻。有不少學校爲了提升國際競爭力，也鼓勵學生選修全英語上課的專業課程。因應國家政策的發展，未來國家考試，除少數特殊類科外，也可能全面加考英文，或將設下不同的英檢門檻。

然而，對許多人而言，外國語言的學習，是一種相當受挫的不愉快經驗，尤其背單字這項工作，又是一件不折不扣的大工程。本書作者陳述的方法，從記憶學的理論來看，是一種符合多重感官刺激的學習過程。同時，「大量切換式複習」又不違背「複習是治療遺忘的萬靈丹」的基本邏輯。

書中作者爲了深入淺出表達理論，除了搭配圖片輔以解說，又以武俠小說中有趣的橋段，生花妙筆描述核心理念，希望更容易落實訓練，以擺脫不易記憶單字的夢魘。

此外，作者爲了讓這套方法能幫助更多人，願意提供全民英檢初級軟體，免費授權偏遠地區或原住民居多的國中、小學使用。本人與作者結識多年，對他長期關注偏遠地區及原住民學童的教育發展，非常感佩。期盼本書提供的方法，可以有更多語言的應用，以幫助國人追上國際化的腳步。

考試委員 黃俊英

2009年7月

【推薦序二】

從觀光看見語文學習的未來

台灣是個海島型國家，位於往返亞洲各地的樞紐，除了地理位置的優勢，加上完整的航空網路，豐富的自然資源，使得台灣一直是國際友人的觀光勝地。由於台灣兼融不同的族群，形成包容的人文風貌，並匯流世界各國多元文化，蘊育出豐富的美食饗宴，贏得「美食王國」的稱號。

以個人的觀察，觀光旅遊發展，將會是台灣未來經濟的發展主軸。國人出國觀光的風氣日盛，世界的通用語言英語，也成爲觀光旅遊的最佳良方。要能活用英文，記憶大量單字是一件根本工作，也是英語持續進步的原動力。然而，傳統的單字記憶法，容易讓學習者覺得枯燥、單調，再加上背了又忘，學習英文的熱情，就容易因爲挫折感而消失殆盡。

本書作者曾受本校語文訓練組之邀請，進行「油漆式速記法理論與應用」的專題演講，這套方法顛覆傳統，首創結合速讀與速記，幫助學生短時間記憶大量單字，提升語文檢定的通過率。

由於本校屬特殊之餐旅專業學府，長期推動餐旅及觀光英語，再加上重點發展策略，希望從「國際化」的角度，培養具備餐旅專業及國際觀的人才，因此一直相當重視學生的語言能力。

這次很高興有難得的機會，接觸到以電腦科技為基礎，結合心理學、語言學、醫學及記憶學，研發出記憶單字的新方法。也期望作者的團隊，未來可以投入更多的資源，研發更頂尖的技術，結合各大專院校的發展特色，創新更多方法與應用軟體，幫助學生快樂且有效率地學習。

國立高雄餐旅學院校長 容繼業 謹識

【推薦序三】

由速讀訓練培養資訊能力

在資訊爆炸的世代，如何培養大量閱讀能力，迅速從巨量資訊中，快速擷取精華知識，似乎是學生進入職場前，必須養成的核心技能。

從一位教育者觀點來看，在這種資訊快速成長的網際網路時代，必定給學生帶來新的難題。因此讓學生接受更快速的閱讀訓練，找出有效率的讀書方法，並培養獨立智慧的資訊辨識能力，分析各種資料的差異性，快速搜尋與掌握所需的知識，已是刻不容緩的教育重點。

除了資訊能力外，「提昇外語能力，擴大國際視野」，也是與世界接軌的必備技能。尤其是英文，它是目前全世界公認的國際語言，如果可以熟練，就有更多機會比別人更早接觸新知，開拓宏瞻的國際視野。

本書發表的「油漆式速記法」，是一種具有系統性之重複式記憶法，可提供使用者正確且快速的記憶方式。它同步結合速讀與速記訓練，也是一種老少咸宜的大腦潛能開發捷徑。

這套方法應用在單字的速記，可以成功幫助學生輕鬆、有趣、快又牢的記憶單字，間接有助於英文檢定、短期遊學與國外留學。其主要原理加入了瞬間記憶、眼球移動、視幅擴大、多重感官學習，輔以外籍人士眞人發音，及配合朗誦來強化注意力，迅速將感官記憶轉變成短期記憶；接著再整合不同型態的測驗，及高速大量切換式迴轉複習，將短期記憶轉換成長期記憶。

作者吳燦銘先生長期從事於軟體研發及教育工作，也積極以業界的實務經驗，結合學術界的專業領域，並與許多大專院校進行產學合作。當他邀請我爲本書寫推薦序時，本人也得知這套方法申請了發明專利，這和本校鼓勵教師和學生申請專利的發展重點相同，在此期盼未來有更多像這樣的好方法，爲社會及產業培養具國際競爭力的專業人才。

遠東科技大學校長

【自序】

臺灣高鐵般的記憶速度——油漆式速記法

「**我們都要發好願，因為有願，就有力。**」這是證嚴法師常用來鼓勵大家的一句話，任何考驗的成功，也都是從一個決心、一粒種子開始。談到油漆式速記法發明的緣起，應該從筆者當年準備留學考試開始的決心開始談起。事實上，對於像我這樣一位大學理工科系學生的窘境而言，想要在專業的英文檢定考試中拿到好成績，首先就必須在短時間內，迅速記憶大量英文字彙。

記憶的速度取決於大腦，但大腦和手腳等器官並不相同，越是想努力去記住，效果往往適得其反，除非找到眞正正確的方法。因此筆者就利用了小時候學習的速讀原理及配合電腦設計的專才，嘗試設計了第一代油漆式速記訓練軟體系統，作爲自己記憶單字之用。

沒想到在一個月後的GRE測驗結果，竟然獲得了相當優異的成績，並且經由民生報校園新聞版的披露，在國內媒體上引起很大迴響及廣泛報導。甚至當時相當知名的華視新聞雜誌主播陳月卿小姐，還特別製作了一集長達十五分鐘的「電腦學英文」專輯報導。

在之後的二十年間，筆者持續在大腦生理學、速讀理論及速記方法的領域中專心研究，並有了更新的進展與結論。為了讓許多苦於記性不好的讀者開啓速憶的大門，決定將這些完整的心得出版成書，並命名為「油漆式速記法」。

「油漆式速記法」是一種在潛移默化中喚起大腦潛能的記憶法。更重要的是強調大腦潛能開發，並且主張個人記憶能力的優劣，與飲食、運動、經驗及後天學習的程度都有關。

從醫學的觀點來看，愈常運用大腦來思考或學習，在大腦中的神經軸突數量就會越多；大腦的記憶迴路越順暢，記憶力自然就會越強。天底下沒有記性不好這件事，只是有沒有下定決心來開發大腦的無限潛能，相信透過本書的專業介紹，絕對能讓各位在速記能力的培養與訓練上輕鬆過關。

榮欽科技 執行長　吳燦銘　敬筆

Part one

油漆式速記法──速讀原理

Part two

油漆式速記法—速記原理

Part three

油漆式速記法—實際運用

Part four

油漆式速記法—大腦鍛鍊

【前言】

記憶就像刷油漆

近數十年來，隨著精神醫學、大腦科學、心理學與教育學的不斷進步與發展，許多記憶術如雨後春筍般蓬勃發展。不過這些記憶術多半是一種「助憶技巧」，還需要相當的背景知識來配合，不能算是真正發揮大腦潛能的自然記憶法。

本書所介紹的「油漆式速記法」，不但同步結合了速讀與速記理論，並強調「大量、全腦、多層次」的學習精神，真正利用右腦圖像直覺聯想與結合左腦理解思考練習，達到全腦學習的真正效果。

◆重複是記憶之母

「記憶就像刷油漆，凡刷過必留下痕跡！」

相信各位都曾看過別人在一大面牆前刷油漆。如果只想用一次的功夫就刷完整面牆，就必須對每個小角落不斷反覆塗刷，這種作法不僅成效不佳，反而會讓整面牆凹凸不齊，到處都是突兀的油漆小疙瘩。刷油漆正確的作法應是以一面牆爲單位，容許每次有些漏刷不完美處，之後再重複多次地粉刷，刷出來的牆才會均勻漂亮。

新接受的知識就像是大腦皮層中的第一層油漆，當然還需要再刷上一次、二次甚至好幾次，否則印象太淺，就不容易在腦中產生記憶效果，如果有遺漏，還可在刷下第二層時進行補強。從心理學的角度來說，重複正是記憶之母。

重複的次數越多，記憶效果自然會越好。而根據記憶學原理來看，重複就像是灑下記憶的種子，之後仍要經常來回耕耘與施肥；重複也是把「暫時性記憶移轉爲永久性記憶」的一個最重要過程。油漆式速記法十分強調重複學習的重要，就和刷油漆的原理相同，在重複記憶的前題下，允許有限量的遺忘。

◆「速讀」與「速記」雙劍合璧

速讀的成功秘訣就是不深入閱讀

速記的最佳技巧則在努力忘記

記得多年以前有部由鄭少秋與林青霞領銜主演的電影《新蜀山劍俠》。內容描述天府之國四川境內，戰亂頻傳民不聊生，血魔即將危害人間。

大俠丁引帶領峨嵋山群俠對付血魔，但是血魔法力非同小可，只有找到冰封在天外天的紫青雙劍並使之合璧，才能誅殺血魔的元嬰。電影特效生動，幕幕令人驚心動魄，尤其當紫霞劍與青雲劍合而爲一之際，頓時霞光萬道、地動山搖，更讓我至今記憶猶新。

就學習的角度來說，結合「速讀」與「速記」兩大功能，就像紫青雙劍合璧一樣，有了兩者眞正合而爲一的強大功力，才能達到讀得快、記得牢的超強記憶效果。提起《新蜀山劍俠》這個故事，就是希望讀者對於速記與速讀的雙效學習的威力，能產生更多豐富有趣的聯想。

◆臺灣高鐵般的記憶速度

市面上的許多速記方法，強調以圖像法、聯想法、諧音法、連結法、羅馬室法和心智圖等理論來強化記憶力。這些速記理論的要求重點在於記得牢，卻未必能讀得快。好比我們在銀行中的存款雖能保管妥當，但如何讓錢能更快速賺到手上，才應該是我們必須加強的目標。

此外，美日韓等國爲適應社會節奏明顯加快的形勢，速讀風氣因此盛行，莘莘學子們相繼尋訪各種速讀課程接受訓練，目的就是讓自己在資訊巨浪的衝擊下，學習加快閱讀的方法，取得獲得新知速度上的優勢。不過讀得再快，也未必能記得牢，因爲記憶就像光線，若缺乏聚焦，很快就會四散而去。

單純具備速讀或只擁有速記能力，都會有其相對限制，也有美中不足之處。兩者中只精通一樣，記憶速度頂多就像臺鐵莒光號，無法達到眞正的高速效率。唯有眞正融合速讀與速記功能的「油漆式速記法」，才能帶領各位享受臺灣高鐵般風馳電掣的記憶速度。

◆活化大腦的方法

每個人在接受外界訊息刺激時，就會產生對大腦神經迴路的活化作用，其實大腦就和肌肉是一樣的，必須越勤於鍛鍊才會有更好的功能，不常使用就會容易衰退。許多老人癡呆疾病的發生原因，並非來自身體老化，而是因爲生活缺乏刺激，大腦沒有足夠的活化運動。

國外有許多醫學報告也證明，平日常玩西洋棋、橋牌等遊戲的老人，比不玩遊戲的老年人減少一半以上罹患失智症的機率。這就像在我們的社會中，會鼓勵家裡的老人家去打幾圈衛生麻將的道理相同，這些遊戲都有活化大腦的效果。

「油漆式速記法」是一套老少咸宜的全腦學習方法，重點在於強調大腦的潛能開發。無論是銀髮族、上班族或學生族，都可透過活化式的腦力訓練學習過程，輕鬆增加油漆式速記能力。

如果發育中的兒童學習「油漆式速記法」，將更提早進入全腦學習的階段，讓孩子眞正能夠贏在起跑線上。「油漆式速記法」也是考試利器，它能幫助學生族群在各種考試中輕鬆過關，更能因爲高效率的學習一生受用無窮。

上班族知道善用「油漆式速記法」，不但可以擁有一目十行的速讀能力，甚至還能達到過目不忘的速記效果。「油漆式速記法」更能充分刺激銀髮族大腦神經元軸突，活化休眠中的腦，減少罹患老人癡呆症的可能。

◆輕鬆方便的宅教育

目前坊間推出了許多的速記與速讀課程，雖然在效果上仍然有其作用，但是學習者必須付上一筆爲數可觀的學費，持續不斷地花錢上課，最後可能只獲得紙上談兵的效果。

相較於這些課程的不同，油漆式速記法的學習理論深入淺出，最重要是真正融入每個學習者的日常生活中，並能實際應用在各種學科上。特別是**油漆式速記法利用了現代化電腦與多媒體相關科技，結合「大量、全腦、多層次」的基本理論，設計了許多自修學習的輔助工具**。無論是銀髮族、上班族或學生族，都可以在家透過油漆式輔助學習工具來練習，不用花錢去上課，稱得上是種最方便實用的宅教育。

例如已經推出的語言類油漆式單字速記軟體（包括英文、日文、泰文…等），就是將油漆式理論實踐的最佳工具。採取了不定點閃字與擴大視幅訓練，並且配合語言學及記憶學思維的隨機測驗，讓使用者在短時間能輕鬆記憶大量單字。

這套軟體除了融合圖像記憶與全腦學習的元素，更加入了多重感官刺激，可以增加學習者記憶力的廣度與強度。讓我們能輕鬆利用視覺（瞬間記憶）、聽覺（真人發音）、觸覺（鍵盤操作）三管齊下，迅速將單字記憶轉換為長期記憶。

經過這套系統的訓練，可以讓原本一小時只能記憶二十個單字的使用者，在短時間進步到一小時速記四百～五百個單字。最終目的更可達到活化大腦與快速增加記憶力的效果。

全國目前約有數十萬人使用油過漆式速記單字系統，同時也已獲得一百多所大專系所認可並簽約授權使用。許多人都高度肯定這套系統具有正面的學習曲線，不論初使用時使用者的適應力與程度如何，一旦利用此系統學習後，讀書的效率一定加倍成長，背單字的速度也愈來愈快。

由於本書中的許多油漆式教學原理，必須使用油漆式單字速記系統作爲驗證與輔助說明，歡迎各位讀者利用本書所附的試用版光碟爲輔助，來眞正印證「油漆式速記法」的強大威力，相信各位一定可以踏出開發記憶潛力的一大步。至於相關光碟安裝過程，請參考附錄二〈第174頁〉軟體安裝。

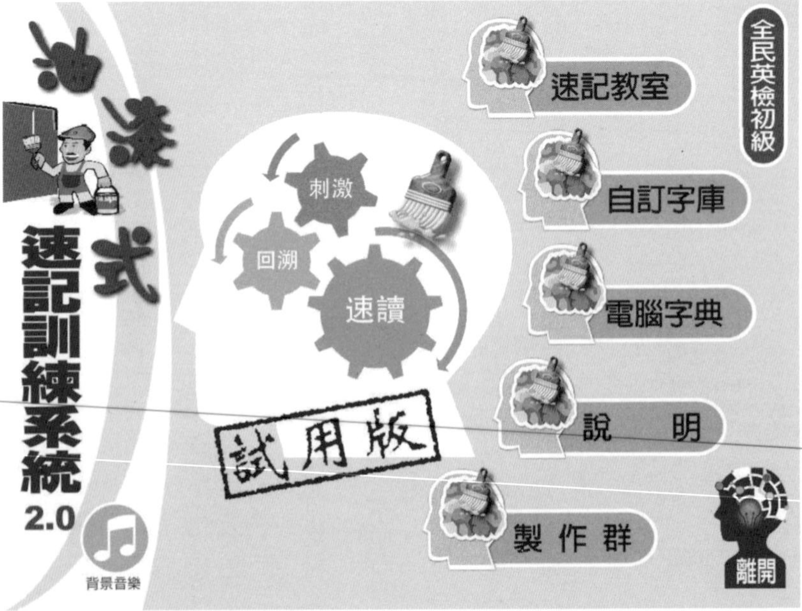

Part One

油漆式速記法

——速讀原理

【第一章】

閱讀是競爭力的基礎

在此資訊氾濫、由速度決定一切的社會裡，如何能找出與衆不同、快速的閱讀技巧，就是維持社會競爭力的重要關鍵。

本世紀中的競爭力法則不在於天然資源與金錢武器，而是人們的智慧，也就是人腦內所擁有的知識。隨著網路世代的來臨，各種知識日新月異，範圍更是打破國界籓籬，全世界儼然成爲人人比鄰而居的地球村。現代人面臨著呈現幾何級數成長的資訊，如何學習、理解與吸收這些不斷湧現的新知，對人類而言必將是一場空前的挑戰。

◆知識來自大量的閱讀

讀書可以形容是人生學習旅程上的第一道關卡。根據科學統計，人類知識的來源約有百分之八十來自閱讀，書籍可說是唯一不受時空限制的知識傳遞工具。當我們翻開書本，就如同開啓了一扇通往知識寶庫的大門。**閱讀不但是智力開發的捷徑，更是促進大腦神經發展的重要關鍵**。大量閱讀累積了多樣化的背景知識，豐富了我們的心靈，更寬闊我們的視野。背景知識越多，記憶起來就越輕鬆，更能讓智慧的創造與利用發揮到最大。

古今中外的歷史上就出現過許多熱愛讀書的風雲人物，他們不但在個人成就上有非凡的表現，勤於閱讀更是讓他們邁向成功的最大利器。

〔愛迪生〕

我們最耳熟能詳的愛書名人就是愛迪生了，他是人類史上最偉大的發明家之一，終其一生取得了一千多項專利，像是生活中不可或缺的電燈就是他的發明之一。

不過諷刺的是從小他就被老師認爲是個無可救藥的笨蛋，因爲他喜歡在課堂上提出各種稀奇古怪的問題，讓老師們十分困擾。在他入學三個多月後，就被學校以智能不足的理由給退學了。幸運的是愛迪生的母親了解自己的孩子根本不是別人眼中的笨蛋，只是這個孩子有著與眾不同的想法，於是鼓勵他在家中自修讀書。

當時愛迪生的家境清寒，每天都必須在火車上販售報紙幫助家計，但只要在火車停駛的空檔，他就飛也似地跑進附近的圖書館中看書。不到幾年的時間，他幾乎就把書架上的書給看完了，正因爲這種樂於讀書的可貴精神，才能造就了他日後的偉大成就。

〔康熙皇帝〕

中國歷史上赫赫有名的一代明君康熙大帝，年紀輕輕就憑著異乎常人的魄力智擒鰲拜，後來更平定三藩、收復臺灣，是眞正奠立了大清帝國版圖的帝王，在文治與武功上都有非凡建樹。

康熙從小好學不輟而且博覽滿漢群書，舉凡詞章、聲韻、歷史和自然科學等無不涉獵。他經常不斷告誡臣子的名言就是：「**讀書一卷，即有一卷之益；讀書一日，即有一日之益。**」

〔毛澤東〕

再說到毛澤東，他的一生叱吒風雲、不可一世，堪稱是現代中國最有成就的一位政治家。從他擔任北京大學圖書館員開始，就養成了每天讀書的習慣，閱讀範圍之廣，從歷史、哲學到自然科學、軍事等，無所不包。

接下來的革命建國期間，更無時無刻不以讀書爲樂，即使是老年重病纏身，生命彌留之際，床頭仍擺著愛看的書籍。一生中最喜歡掛在嘴邊的話就是：「**飯可以一日不吃，覺可以一日不睡，書不可以一日不讀**」。

「知識就是力量，讀書可以改變人生！」從以上列舉的三位中外名人身上，我們可以得到印證。

◆培養閱讀的技巧

古人口中所說的「學富五車」，是用來表示一個人一生中所拜讀的書若有五輛馬車之多，就算得上是位博識多聞的大學者。然而時至今日，各種書籍如百花齊放般不斷地出版，知識也不斷地更新，一個人一輩子所要閱讀的書籍文件，恐怕連整架飛機都無法容納的下。

在現代社會中，書絕對不可不讀，唯有不斷地念書，好好的充實自我，才能堆砌出基本的競爭力。於是在資訊氾濫、以速度決定一切的社會裡，如何能**找出與衆不同、快速的閱讀技巧，就是維持社會競爭力的重要關鍵**。

許多人會不禁懷疑道：「讀書不都是要眼到、口到、心到，一定是要腳踏實地才對，哪可能會有什麼捷徑或技巧！」話雖如此，但是中國歷史上還眞正出現過不少令人驚嘆不已的閱讀天才，他們憑藉著高超的閱讀技巧，確實做到了書讀得快、記得牢，而得以留名青史。

例如早在東漢時期的大天文學家張衡，從小就具備「吾雖一覽，猶能識之」的本領，對於所閱讀的書籍，幾乎達到一目十行的能力。在那個古老的年代，他因爲飽覽群書而觸類旁通，發明了相當先進的指南車與候風儀，甚至在文學史上，也因爲寫過名著一時的《二京賦》，而有舉足輕重的地位。另外一位則是三國時代，蜀國的益州別駕張松，這人也是個天才，聽說同樣擁有過目不忘的本領。有一次適逢張松出使魏國，宴會中在群臣起哄下，他只匆匆看了一遍曹操的兵書《孟德新書》，竟然就能從頭至尾、一字不漏地背誦出來，令在場眾賓客無不瞠目結舌、敬佩萬分。

而東晉的大詩人陶淵明，閱讀的本事與技巧，在古人中也是獨樹一幟。他特別主張「**好讀書，不求甚解，每有會意，便欣然忘食**」，痛恨計較字句及小枝小節的文意。陶淵明認爲讀書應該通覽全篇，取其精華，找出眞正有效率的讀書方法，這種概念就充份具備了現代速讀的精神。觀古知今，尤其在知識爆炸的今日，若能讓自己接受更快速的閱讀訓練，掌握高速記憶的技巧，就能比他人擁有更多的知識與競爭力，這件事遠比求取學歷、文憑來得更加重要。

◆速讀的起源

速讀是二十世紀以來，最熱門的學科之一，它同時**結合了生理潛能與視讀原理，是一種快速有效的閱讀能力訓練**。根據科學家們的正式統計，人類天生的閱讀能力僅被開發了百分之二十左右，但只要經過類似速讀或視覺潛能的訓練，就可以將閱讀能力大幅提高數十倍以上。

速讀的功用主要是讓大腦的靈活度高度提升，綜合感官反應也變得更敏銳，真正做到「眼明腦快」的目標。速讀不但是要求閱讀速度增加，相對也要求理解力和記憶力的配合，達到快速而有效的閱覽。只要有正確的訓練步驟，每個人都可以輕鬆達到快速閱讀的目標，而**速讀更是活化大腦潛能訓練的第一步**。

〔速讀源於眼力的訓練〕

談到現代速讀訓練的起源，應該是源自二次大戰時，飛機首度成爲戰爭的工具。許多飛行員在高速飛行時，往往不能精確瞄準遠處快速飛行中的敵機，爲了訓練這些飛行員們眼睛的瞬間感知力，美國當時的空軍科學家們，發明了一種叫做「速視儀」的裝置。

「速視儀」利用不同的尺寸及速度來顯現敵機模擬圖像，藉此加強訓練飛行員於高空飛行時的動態眼力，以訓練軍人在極短時間內辨認敵我軍種。這些成員在經過一段時間訓練後，就能輕鬆分辨出以幾百分之一秒速度出現在遠方的小黑點是屬於哪一類的圖像。日後當空戰發生時，飛行員不但減少了注視次數與時間，更加快了眼腦間的協調感知能力，對於敵機的戰鬥研判更加敏捷，大幅提高了克敵制勝的機率。這種眼力訓練的成果與經驗，因此成爲速讀訓練的前身。

「眼力」的眞正定義到底是什麼？在速讀科學中是個相當關鍵有趣的名詞，統稱爲**「瞬間感知力」，就是眼睛開始感知時，瞬間所接收訊息的理解力，眼力的好壞是可以透過訓練來加強**。例如這些戰爭飛行員所接受的訓練就是眼力的加強，而如電影《賭神》中，賭神周潤發能夠在牌雨飛舞中隨意取牌的情節，也可說是極佳眼力的登峰展現。

◆開發眼力潛能

除了現代空軍飛行員的眼力訓練外，中國古代對於神箭手的養成，也同樣必須經過眼力的考驗。〈紀昌學箭〉的故事就是個很好的例子。古時候有位遠近聞名的神箭手飛衛，收了一個慕名來學射箭的菜鳥紀昌。在入門第一課時，飛衛就告訴紀昌：「學射箭首先要練好眼力，只有練到能夠目不轉睛和全神貫注的境界，才有資格來跟我學射箭。」紀昌聽到這個要求當場傻眼，一時間不知道該如何是好。他本來以爲只要會拉弓，有股蠻力就能學好射箭，沒想到還要練習什麼眼力的功夫。

後來他回到家裡和老婆商量後，終於想到了兩個辦法。首先他坐在妻子的織布機旁，動也不動地盯著織布機上的梭子快速來回翻動。剛開始時，當然是看得暈頭轉向，接著他每天持續不斷練習。甚至有一次織布機上的椎針還冷不防地朝他的眼角飛刺而來，他竟能不眨一下眼睛，不過下場當然是鮮血直流。第二步則是在家裡後院的老牛身上拔了一根長毛，綁了一隻活蹦亂跳的蝨子，並將牠掛在窗邊上，自己從早到晚坐在窗邊，雙眼直直地盯著這隻小蝨子的舉動。隨著看的時間越久，眼中的小蝨子似乎越變越大，連身上的小小蝨毛，紀昌都能看得鉅細靡遺。這樣過了三年不斷地訓練，小蝨子在他的眼中竟然大如車輪。

紀昌迫不急待地把這個現象告訴了老師飛衛，飛衛聽後拍拍他的肩膀，高興地說道：「你現在夠格開始跟我學射箭了。」後來飛衛眞的傾囊相授，紀昌也不負他的苦心教導，最後終於成了一位百發百中的射箭達人。

看完了這個故事，有些讀者難免還是會半信半疑，「眼力」眞的可以像是武俠小說中的絕世武功一樣，能夠憑藉著人的努力修練而成嗎？眼力的訓練當然不如修煉絕世武功般的困難重重，反而是一種可以輕鬆開發的天生潛能。這種道理很簡單，就像平常開車剛上高速公路時，總會覺得兩旁車輛如閃電般呼嘯而過，一旦看的時間久了，原先感覺在身旁飛奔的車輛，不知不覺中似乎速度變慢了許多。這當然不是這些車輛眞正減速，而是我們的眼睛自行適應環境，也就是眼力增強了。

有打棒球經驗的讀者就會瞭解，沒有經驗的打擊者往往覺得投手的球速快的不得了，還沒看清楚就揮棒落空。然而眞正打出全壘打的超級強棒，就是具備過人的眼力，在他們眼中的球速是緩慢的，當然在打擊時能比他人更容易一擊即中！

從生理醫學的角度，眼睛是所有感官中最具優勢的器官，使用了大腦中大半的資源，並主控著大腦對外界的判斷。人類的感官器官都有一個共同現象，越經壓迫的機能，反而能促使其越發達！學習速讀的第一要領就是努力訓練眼睛視神經，使其感知力更爲敏銳。在接下來的章節中，將開始逐步爲讀者講解「油漆式速記法的速讀原理」，並且介紹眼力潛能開發的各種理論與方法。

【第二章】

油漆式速讀的原理

眼腦直映就是讓眼睛直接來閱讀文字，省略了「讀」和「聽」這兩個中間環節，這樣的方法就像台北到高雄的不靠站直達車，行車時間當然能縮短許多。

◆數位相機式速讀

數位相機最大的優勢在於配合數位化資訊，並且藉助遍及全球的電腦通訊網來即時傳送相片，目前已成爲時下年輕人相當熱門的3C用品。數位相機的優點包括不需經過沖洗，就能立刻看到拍攝結果的優點，還能將所拍攝的影像儲存在記憶卡中，直接經由電腦螢幕觀看。

數位相機的工作原理主要是以電荷耦合裝置（Charge Coupled Device, CCD）來進行拍攝，並以感光體取代底片。CCD是使用一種高感光度的半導體材料製成，可用來捕捉光所照射的二維區域，並將光影明暗度轉換爲數位訊號。CCD的受光畫素越多，圖像的清晰度越高；因此像素的多寡，便直接影響相片輸出的畫質。

「油漆式速記法」的速讀原則就是融合傳統速讀中眼腦直映的優點，並採用了獨創的數位相機速讀技巧，在「大量、全腦、多層次」的原理下，達成最佳化視力和腦力的綜合感知效果。

過去有許多速讀專家將人的眼睛比喻爲傳統相機，但我們認爲利用數位相機來說明「油漆式速記法」原理中眼睛的角色將最爲貼切。例如CCD的感光作用具有類似瞳孔的功能，而數位相機能夠立即顯影，讓拍攝結果一目了然，省略沖洗底片的步驟，這樣的效果用來形容速讀原理中的「眼腦直映」功能，會顯得更爲傳神。「眼腦直映」就是當視線移動時，眼球應隨文字移動而動，並盡量消除大腦中潛在的讀音現象，直接把視覺中樞所感知的文字符號轉換成有意義的大腦理解訊息。

◆視讀節奏

人類眼睛的靈敏度之高簡直令人難以想像。**所謂數位相機式的速讀，就是將自己眼睛當成數位相機的攝入鏡頭，瞳孔所及的焦點則努力讓它成為一個面，而不只是一個視點。**例如當各位閱讀時，書上的文字訊息會對眼睛產生光學刺激，經過角膜折射，視網膜搖身一變就成了數位相機中的感光晶片，用來接收這些光子訊號。此時最佳的「視讀節奏」就彷彿是相機按快門拍照的速度，將視覺中樞所產生的整體感知，以圖像形式經過神經元，傳送到大腦中進行解碼與記憶。

眼睛和大腦處理閱讀時所獲得訊息的速度，主要關鍵在於「視讀節奏」的快慢。這個道理就好比各位使用數位相機拍照時，按下快門的速度越快，所拍的相片自然越多。這就是「油漆式速記法」速讀技巧中強調的「大量」原理，也就是視讀節奏調整得愈快，就能吸收比別人更大量的資訊。

通常對於未曾受過速讀訓練的人來說，眼睛對文字符號的感知能力僅爲十五度視角，大約爲二至四個字的間距，因此多半只能逐字逐句閱讀。這就是爲什麼大多數人看書時，無法一次將整頁內容盡收眼底？主要的癥結還是在於沒有經過良好的速讀訓練。經過速讀訓練的人，不但能讓視覺器官發揮最大作用，還可以使得眼睛和大腦接受訊息的視讀節奏趨於同步。基本上，**只要學習者勤於練習，讓眼睛的視覺感知與大腦思維的理解迅速統一，就能達到最佳的速讀效果。**

◆圖片優勢效應

「油漆式速記法」的速讀基本要領就是訓練大家，運用數位相機鏡頭所呈現的整體感知原理，讓眼睛變成廣角鏡頭，並逐步增大每一視點所接收到的訊息。每一眼所看到的文字範圍要盡量擴大，而且不要直接解析文字，就好比是利用大腦對閱讀內容照相一般。把整塊文字範圍當成一張圖來「看」，而下一眼所看的「文字塊」又是另一張圖，依此類推。閱讀的對象則可從看一個字或單詞，再逐漸擴展到二行、三行、五行和段落文字，甚至由它們組成的整頁文章。

請各位試著讓眼睛變成像沒有自主意識的相機鏡頭，快速將整塊文字「照入」視網膜中。這裡指的「無意識相機鏡頭狀態」，可不是如行屍走肉般的毫無知覺，反而是如禪宗靜思時的「無心勝有心」意境。特別是讓瞳孔處於「動如脫兔，靜如處子」般的下意識感知，蓄勢待發捕捉所有文字。

事實上，**輸入大腦的訊息越具備視覺化的效果，對於感知與記憶的效果就會越好，這種現象我們稱為「圖片優勢效應」（pictorial superiority effect）**。將準備記憶的資訊轉換成視覺影像是相當有效的速讀方法，這也是把資訊儲存在長期記憶庫中的最佳辦法。

◆多行速讀練習

對於速讀初學者而言，要眞正具備整塊圖像速讀的能力絕非一蹴可幾的。現在讀者不妨試著翻開一本書來訓練，迅速閱讀十到二十頁。

首先以一次讀**一行**做爲視點移動的標準，經過這一階段的訓練之後，就可以將閱讀的能力提升至原本三到五倍的速度，以下是做爲測試的文章：

他一拐一拐地走到屋外的劈柴墩上，坐下來用力揉著自己發麻的雙腳，卻發現在小屋竟然有如此壯觀的景致。放眼望去，金光萬道，火紅的太陽也正由遠處大海的盡頭，一點一點冒出頭來。整個原本碧藍無垠的大海上，好似鋪上了一襲金色地毯般的燦爛奪目，籠罩在飄緲雲霧中的山容，頓時天雲清朗，一望無涯。就如同多少魯凱與排灣族人口耳相傳的讚美，大武山的美就是在山連海，海又連天。此刻天空上飄來幾朵有如棉絮般閃閃發亮的雲彩，四周佈滿了千變萬化的光影，讓整個天空與大海互相輝映。簡直就像一首動人心魄的古曲，涼風吹來，樂音就隨風中飄逝。

經過以上基礎的訓練之後，可能都還停留在音讀的階段，畢竟我們運用音讀閱讀文章並非一天兩天的習慣。接著再以一次讀二行做爲視點移動的標準：

這樣的天地海山之美，讓第一次好好坐下來欣賞日出的卡多，對生命與大自然的結合，有了更深層的體會，令人不可言喻。欣賞完這樣的風景後，卡多看雙腳也舒服了許多，便跳下劈柴墩，起身準備爲巴冷和自己打理早餐。首先他沿著小徑，走到背著陽光的山坡旁草叢，彎下腰不停翻找，期間還被幾隻頑皮的彌猴拿小石子攻擊，最後幸運的在一處佈滿青苔的大石頭下找到了一叢蛇莓。這叢蛇莓長的還眞是好，整叢都是鮮紅欲滴的成熟莓果，叫人看了不禁口水直流，卡多用他的戰盔裝了滿滿的一盔蛇莓。接著他沿著山邊小溪，赤腳溯溪而上，湛藍湍急的溪水滑過岩石，在這些岩石縫裡，隨手撈了不少味道鮮美的溪蝦。

當以一次多行的閱讀方式來訓練速讀能力時，本身會慢慢習慣以不發音方式來閱讀文章。以下是一次讀**四行**做爲視點移動的標準：

這種長年生長在清澈流水中的小蝦子，雖然看似沒長什麼肉，但是如果加點老薑絲把它們煮成湯的話，那可稱的上是人間美味。他看時候不早了，巴冷應該起床了，於是準備回去。在返回小屋的路上，卡多又順手挖了一根長相肥碩的山藥，這種山藥不但甜美，混著山豬肉快炒來吃，聽說對身體虛弱的人有不錯的療效。

他想巴冷昨天走了一天的山路，體力一定透支，這時可得多煮一點好吃的食物讓她趕快補充體力。這時早晨的輕風吹的卡多神清氣爽，又想到巴冷昨晚熟睡時的可愛表情，臉上不但堆滿著幸福笑容，沿路更是興高采烈地吹著口哨。這走回小屋的路上，他好像走路有風般，三步併做兩步的快速前進。

經過多行速讀訓練之後，幾乎可以不再使用音讀的方式來閱讀文章。這時才是眞正進入讓大腦以圖像閱讀方式來速讀文章的階段。以下是以一次一頁做爲視點移動的標準：

到了小屋外，就在屋外的小溪旁，生了柴火。他井然有序地將一切食物該煮的煮，該洗的洗，一點都不馬虎。單憑卡多的外表看似粗線條，絕對看不出來他烹調起食物來會如此細心。準備就緒後，卡多先在門口往內聽了一下，發現裡面鴉雀無聲，心想一定是還在貪睡。他興奮地打到了小屋外，就在屋外的小溪旁，生了柴火。他井然有序地將一切食物該煮的煮，該洗的洗，一點都不馬虎。單憑卡多的外表看似粗線條，絕對看不出來他烹調起食物來會如此細心。準備就緒後，卡多先在門口往內聽了一下，發現裡面鴉雀無聲，心想一定是還在貪睡。他興奮地打開小屋那道半開破舊的門，向裡面大聲叫道：「小懶豬，該起床囉！肚子是不是餓了？」當他往裡面一看時，心中大爲駭然，頓時嚇出了一身冷汗，慌張地說道：「公主，妳在哪？不要嚇我，發生什麼事了！」眼前的小屋內，原本他出門前早已整理妥當，可是現在這間小屋幾乎成了斷垣殘壁，兩面牆壁都破了個大洞。所有的東西都亂成一團，紛紛散落各處，簡直就是經過了一場激烈的搏鬥。但最糟糕的是本來在屋內熟睡的巴冷，卻消失了蹤影。卡多心急如焚的翻遍屋內各處，只發現了牆上留有斑斑的血跡，他幾乎抓狂，用著近乎哽咽的聲音呼喊巴冷。確定了巴冷不在屋內後，卡多心中有了不祥的預感。莫非是……他想到了可怕的黑色殺人魔。

◆殘像記憶

許多人總會認爲速讀就是略讀或粗淺瀏覽，然而事實並非如此，速讀不但要求閱讀速度逐步增加，相對也要求理解力和記憶力的加強配合。各位心中可能覺得納悶，如果想求快，那不就眞的要「囫圇吞棗」，且看到後來肯定還是一頭霧水！訓練閱讀速度的道理其實很簡單，就像肌肉訓練一樣，越用就會越發達。

從記憶學的理論來看，理解力是短期記憶的一種，而進行速讀時的理解力多半來自兩種管道，其中所代表的意義也各有不同。第一種是直接從眼睛所看到資訊的理解，這屬於一種對於視覺吸收訊息所進行的線性語言理解，這也是一般人最普遍與初淺的理解力。第二種就是**利用殘像記憶形成的綜合感知理解力，這才是真正屬於速讀訓練後所具備的快速理解力**。

那什麼是「殘像記憶」呢？**當文字的視覺刺激停止後，中樞神經投射在視網膜上的影像痕跡並不會立刻消失，而會出現極短期的記憶效果，這段記憶稱為殘像記憶**。這就像是在房間內，當眼睛直視燈泡關掉的片刻，在某一短暫時間內，腦海中仍然會感覺燈泡是亮的。由於大腦的高速運轉能力比眼睛快上太多了，因此殘像記憶的理解力是屬於一種塊狀與高速的

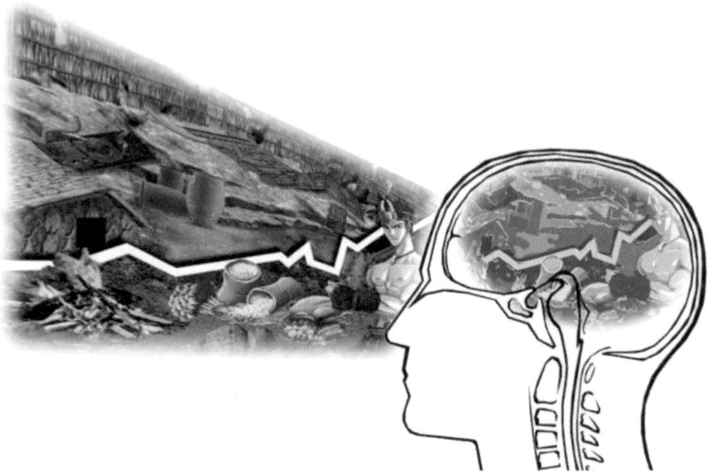

· 當文字的視覺刺激停止後，中樞神經投射在視網膜上的影像痕跡並不會立刻消失，而會出現極短期的記憶效果，這段記憶稱為「殘像記憶」。

思維活動，也是眞正符合眼腦直映下的快速理解功能。

我們知道在閱讀時絕對不可能將內容一字不漏地看完，而這些看到的訊息，有些雖然說是攝入了視網膜中，短時間內無法立刻理解，就會形成殘像記憶，並迅速轉運到大腦中樞。**雖然殘存的時間不長，但記憶總歸就是記憶**。

在大腦中樞處理區會根據自己潛藏的背景知識，對所接收的訊息迅速進行跨感官整合與解讀。外界送來的訊息越多，大腦處理的速度就越快。背景知識越多，理解得越清楚，最後形成自己專屬的理解拼圖，自然能夠高速了解所閱讀文章中內容的意思。雖然眼睛沒有精確地逐字、逐行來理解，但大腦會自發性地轉印殘像。當閱讀速度越快時，越激發大腦調整殘像形成的時間與強度。

殘像記憶的強度好比直接影響數位相機輸出清晰度與畫質的像素（pixel），當像素的數目越多，數位相機所呈現的畫質就更佳。例如我們常聽見的「兩百萬像素」、「五百萬像素」、「一千萬像素」等，就是指數位相機的像素等級。**殘像記憶的強度越強，成像效果就會越佳，短期記憶所能延續的時間就越長**。增強殘像記憶強度的最好方法就是不斷加快閱讀速度，也就是專業嚴格的速讀訓練。

當閱讀速度增快之時，其實無形中就是自動在進行速讀訓練。各位大可不必擔心，大腦存取記憶速度之快，簡直令人難以想像，需要的只是時間來「適應」。

雖然一開始會因爲速度太快而看不清楚，但很快就能逐步適應，這表示殘像記憶的強度會越來越好，短期記憶的效果也能更加持久。假以時日，經過油漆式訓練後的眼腦直映效果，就可能相當於一台千萬像素以上的高畫質數位相機，隨時都能在極短時間內，對於所閱讀的內容留下清晰持久的記憶效果。

◆從速讀到速記

有些專家學者常認爲學了速讀之後，只不過是看書的速度較快而已，未必能夠記得長久。許多人在速讀過一篇文章後，往往過了一段時間後，這段文章在腦海中的印象還是會變得零零落落。

不同的記憶可維持不同時間，有的只有幾分鐘壽命，有的卻是刻骨銘心，**記憶從生命週期來說，包括了登錄、儲存，提取和遺忘四個步驟**。速讀的作用主要是和登錄階段有關，這個階段直接影響到記憶的速度與強度。嚴格來說，**速讀訓練絕對是進入速記領域的基石與順風車，也是強化記憶力的開始**。

如何能讓速讀後的記憶效果更進一步鞏固與強化呢？以油漆式速記法的速讀原理來說，還必須配合**速讀**（塑胚）、**回溯**（乾燥）與**刺激**（鍛燒）三個工作環節。這三個環節就好比製作陶瓷的過程，當工人塑胚好離形後，還得經過乾燥脫水與鍛燒的過程，才能具體成型。

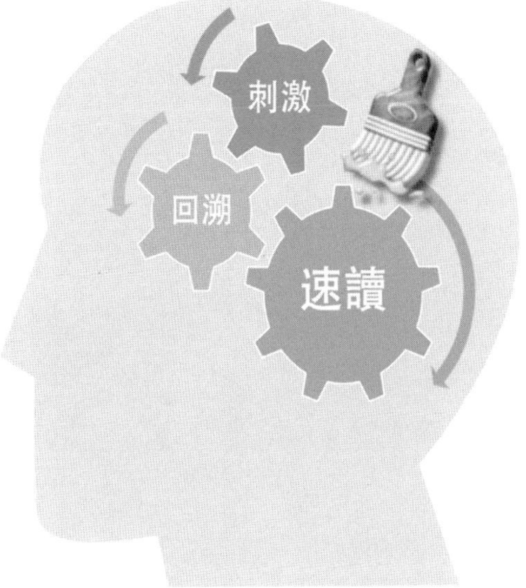

・油漆式速記法的原理是利用速讀、回溯與刺激三個工作環節來強化記憶的效果。

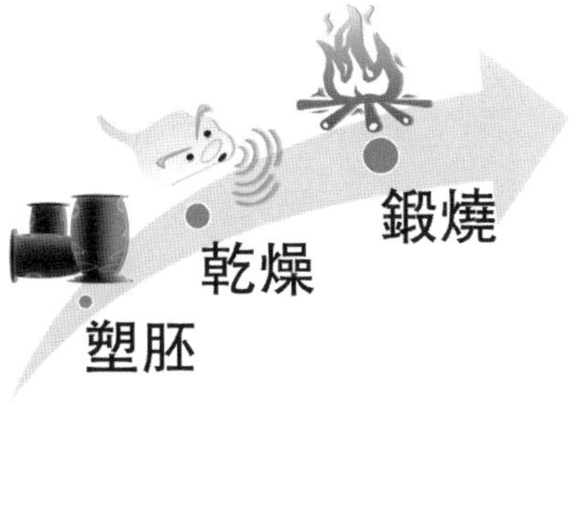

例如當各位快速讀完一本書後，不防先休息片刻，泡杯香濃的咖啡，嘗試「回溯」一下剛才書中內容。

◆聯想力的應用

回溯就是一種複習的動作，學習而不複習，時間隔得越久，所剩下的記憶就越少。

由於在速讀過程中是憑藉著「眼腦直映」來快速了解文意，必須再透過回溯的步驟，來讓文意內容停留在腦中超過十五秒以上，才能將瞬間記憶進一步轉爲短期記憶。因此，把回溯當做學習過程中的調味料，如果能夠增加的恰到好處，就會加強短期記憶的效果。

回溯的功用就像是對閱讀內容的進一步理解與消化，並充分應用聯想力，嘗試把剛剛零碎的閱讀感知結果，整理成較連貫的「工作記憶」。

「工作記憶」是大腦中一個非常忙錄，用來處理新進訊息的短暫空間，在此區的記憶相當具有可塑性，不過容易隨時流失。因爲**記憶都是儲存在大腦的神經元（neuron）上，聯想則會讓更多神經元參與其中，日後提取這個記憶自然越容易。**

聯想力是一種與生俱來的本能反應，利用想像的創意與記憶內容銜接（connection），並在銜接後創造新的銜接，盡量增加記憶內容間的銜接點。就像我們搬起一塊木板時，上面的手把越多，當然越好搬動。接下來要做的事，就是請準備紙跟筆，努力將一些關鍵情節或詞句簡單書寫下來，當然運用聯想力時，能越全面性越好。

・休息一下，透過「回溯」步驟來讓文意內容停留在腦中超過十五秒以上，才能將瞬間記憶進一步轉為短期記憶。

◆海馬迴與杏仁核

接下來要談談回溯後的刺激過程，這個階段更是活化腦細胞、鞏固記憶的超強黏著劑。當我們在經由回溯過程寫完重點整理後，不妨隨機性的翻頁，這個動作十分有助於強化認知銜接能力。

當翻到某頁時，可以利用手掌蓋住下半頁，只重新閱讀上頁，然後自我測驗下半頁的可能文意。隨即迅速拿開手掌，看看下半頁的內容是否如自己判斷一般。

這種揭開謎題般的感受，會產生一種新鮮的心理刺激感，道理就像學生的期中考或隨堂測驗一樣，每個人對測驗的考題會留有印象，特別是自己答錯的題目。

當大腦接受到外界新的刺激時，會立刻將它傳達給旁邊負責保存記憶的海馬迴組織（hippocampus），這種自我測驗的過程會對海馬迴有相當的刺激效果。**海馬迴對於記憶影響很大，它橫跨於左右腦中間，是人類的學習中樞，接受各種感官傳來的訊息**，功用是將訊息轉化爲記憶，並透過神經元運作將新資訊與儲存的資訊相連結。

如果是從腦神經醫學的角度來看，在腦前額部份還有一個呈扁桃形的區域，稱爲杏仁核

（amygdala）。

杏仁核是人類的情緒中心，管理與儲存各式情緒反應。當海馬迴記憶事物時，會藉由杏仁核發出的振動來做某些判斷。簡單來說，海馬迴可以幫助你認出人群中某個人是你的國中同學，杏仁核則提醒你，他是個用功讀書的高材生。

因此隨機翻頁自我測驗的作法除了可增強閱讀後記憶的效果，還能養成日後把握重點的學習效果。

◆速讀原理在油漆式軟體上的運用

記憶一份文件或一本書的內容，究竟該進行幾次上述的「三環節的訓練過程」呢？次數通常因人而異，但一般來說，只要進行三個循環以上，就比較容易形成較牢固的長期記憶。

由於利用速讀的速度，原本就比一般人來的快速許多，所以即使還要額外進行鞏固記憶的動作，相對上還是有效率許多。這像龜兔賽跑一樣，只要兔子不是偷懶打瞌睡，烏龜還是永遠不可能贏過兔子，因爲兔子速度實在太快了。

然而不論是殘像記憶或鞏固記憶的訓練，如果只是以書本作爲訓練工具，仍然有相當不便之處。印刷文字畢竟不會憑空消失，還是必須用人工的方式來移動視線或自我測驗，因此若能選擇電腦作爲輔助訓練工具，必定更能提高學習效率。

而我們所推出的油漆式速記軟體就具備了這樣的功用，目前已經成功應用在不同外語單字的速記上。

事實上，各位甚至可以把油漆式速記軟體當成是一套功能完備的速讀訓練機，因爲在軟體設計上，完整融入了鞏固速讀記憶的原理，更克服人爲操控不易的缺點。不但使得背誦英文單字過程更活潑流暢也更有效率，更重要的是在潛移默化中培養出油漆式速讀的好習慣。

〔多重感官刺激〕

從國外大腦醫學的報告得知，**人類大腦的感知能力是在多重感官刺激的環境下共同演化出來，也就是視覺會影響聽覺，聽覺會影響觸覺**。環境中加入越多的感官刺激，記憶力就會越好，包括看見的影像、聽到的聲音、摸到的感覺等。

如果越多感官被啓動，大腦機能區活躍的部分也越廣，使我們的知覺更爲豐富，自然也會同步提高記憶能力。例如在油漆式速記單字系統開始的「不定點閃字」過程，讓我們除了訓練眼力之外，還加上了手指操作、耳朵聽音等多重感官刺激，無形中讓綜合感知反應變得更迅速。

因爲利用視覺、聽覺與觸覺三管齊下，可以增加短期記憶的強度與廣度，更迅速將單字殘像記憶轉換爲中期記憶。

讀者剛開始背誦訓練時，當然無法完全記下單字中每個字母的組合，這時就必須練習使用殘像記憶來答題，在看到英文單字時馬上聯想到它的中文詞意。

在答題過程中，大腦就是在執行之前「不定點閃字」的回溯動作並激發潛力，自動搜尋剛才的殘像記憶。

而這些隨機式的測驗題，更是達到鞏固記憶的刺激效果。系統設計如果答對了，就會自動進行下一測驗題。

・練習使用「殘像效果」答題，在看到英文單字馬上聯想到它的中文詞意。

答錯時螢幕上會自動更正，隨即跳出正確解答（如下圖），並讀出單字的正確發音。這時再度由視覺及聽覺的多重感官作用，自然對杏仁核產生新的刺激，而讓海馬迴中對這個單字「烙印」下更深的記憶。

〔從錯誤中學習〕

當整個閱讀與測驗的範圍完成後，還會以綜合評量表方式來讓使用者再進行一次複習。這裡會以鮮紅文字來標示出剛剛答錯的單字，利用色彩來加強記憶效果。我們知道色彩可被運用來強化注意力，例如：綠色、藍色、淡藍色等冷色系，可以放鬆身心，更能專注於目前的影像。又如：紅、橙、黃等暖色系，易引起心理的積極性，幫助眼球的快速移動。

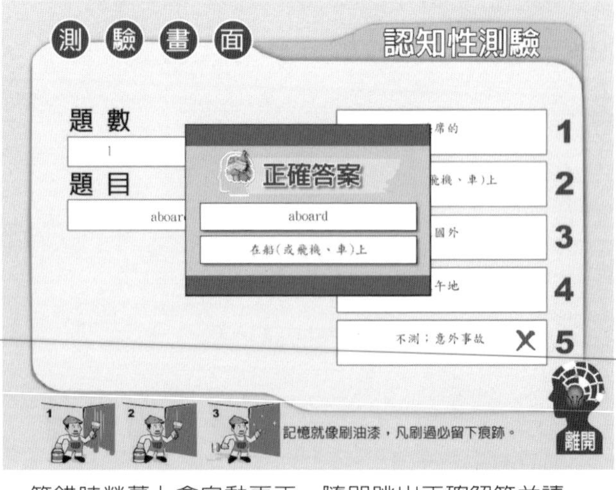

・答錯時螢幕上會自動更正，隨即跳出正確解答並讀出單字的正確發音。

值得一提的是本套系統中，充分利用了電腦精確的計算與儲存能力，可將練習過程中，每一道答錯的單字自動記錄下來，獨立成爲一個錯誤字庫以補強測驗過程中答錯字的記憶。讓使用者可在測驗一個較大的範圍後，例如五百字或一千字後，有反覆速記與測驗的機會。

在此錯誤字庫中，仍可依照鞏固速讀記憶的三個環節，將此字庫中的單字重新速記，直到記住字庫中所有單字爲止。爲了操作方便，還能自行手動清除字庫，再另行建立下一範圍的錯誤字庫。

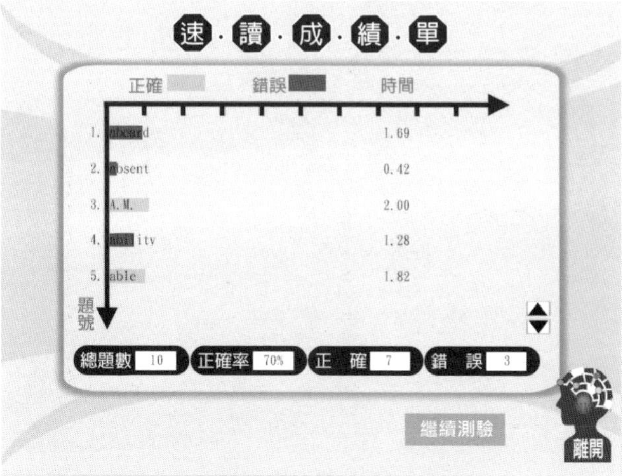

·以鮮紅文字來標示出剛剛答錯的單字，利用色彩來加強記憶效果。

除了在答題過程中收集錯誤字庫外，考慮到每個人對某些字群的不熟悉感，特別以一種量身訂作的概念，方便使用者自訂字庫，使用者再針對這個專屬的字庫，反覆油漆式速讀，再結合錯誤字庫功能，讓電腦自動集中自訂字庫中錯誤頻率最高的字，反覆加強速記與測驗。

經由使用者與電腦間的互動，「油漆式速記單字訓練系統」讓整個記憶過程變得更加活潑生動，而運用「速讀」、「回溯」和「刺激」三個環節所製作而成的測驗題庫，不僅能幫助使用者在短時間內記憶大量單字，更在同時協助學習者，練習並取得現代職場及社會不可或缺的速讀能力。

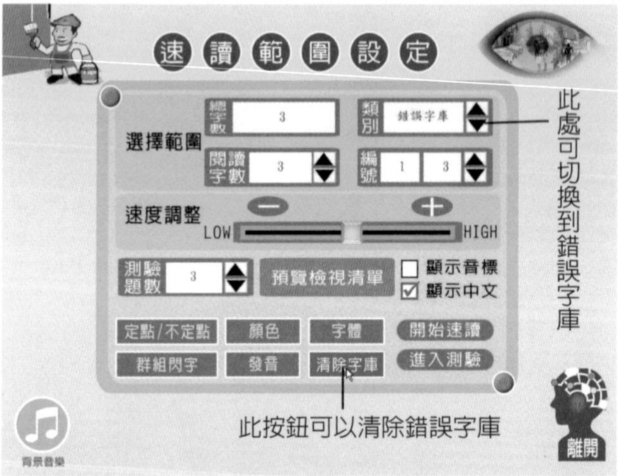

· 每一道答錯的單字自動記錄下來，獨立成為一個錯誤字庫以補強測驗過程中答錯字的記憶。

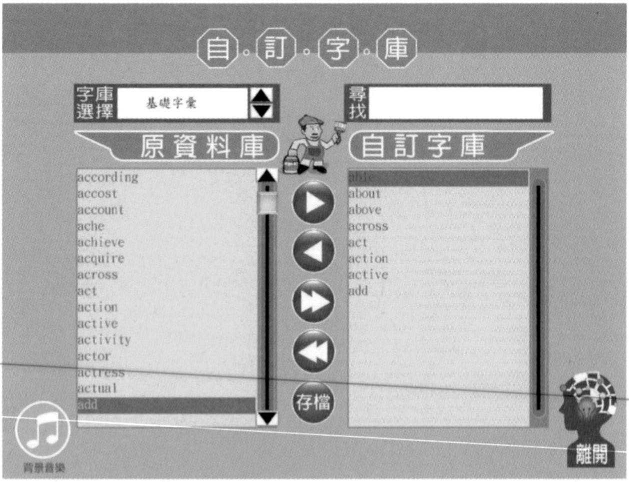

· 除了在答題過程中收集錯誤字庫外，考慮到每個人對某些字群的不熟悉感，特別以一種量身訂作的概念，方便使用者自訂字庫。

【第三章】

油漆式速讀的加強訓練

速讀就是一種有系統訓練後的快速閱讀，是活化大腦潛能訓練的第一步，也是強化記憶力的開始。

速讀就是一種有系統訓練後的快速閱讀，是活化大腦潛能的第一步，也是強化記憶力的開始。速讀能力絕對是我們每個人與生俱來的能力，只是大部分的人不得其門而入而已。從第一章「紀昌學箭」的故事中，我們知道學習射箭必須要先訓練眼力，同樣的，想學會速讀也要先練習眼力。優良的眼力是學好速讀的基礎條件，在日常生活我們可以透過眼力的強化練習，藉以提高自身的速讀能力。

◆眼球運動

眼睛是人類吸收外界資訊最重要的器官，它包含著一點五億個獨立的光感受器，佈滿在眼球壁最內層的視網膜上。這些光接收器可以在不到一秒鐘的時間內，立即將整座101大樓的景像進行解碼，並經由視神經傳到大腦，然後形成影像。更何況只是速讀整頁的書籍內容，當然也能夠在極短的時間內，就將閱讀內容迅速成像。

訓練速讀的首要工作就是活化眼力，而活化眼力無疑就是要從運動眼球開始。如果我們把速讀比喻是門高深武功，那麼充分的眼球運動無疑就是打下良好基礎的基本功。

眼球是藉助六組眼肌來運動，可使眼球自由而和諧地往任何方向轉動，而眼球的轉動靈活度也與閱讀速度密切相關。當光進入眼球後，先通過眼球的各種組織運作，再連動到視神經，同時收集視網膜神經元上的訊息，最後透過視神經將影像傳到大腦的視覺皮質區。

閱讀實際上就是一連串的眼球轉動與停止動作的結合，如果眼球不靈活，視神經所傳送的訊息就會減弱，理解的效率當然不好。因此**迅速有效的眼球活動，往往是決定閱讀速度的重要關鍵**，不僅可以提高閱讀速度，還間接強化了大腦的敏捷性。

至於有些人會誤認爲速讀訓練時必須頻繁地使用雙眼，因此可能會造成視力過度疲勞甚至導致近視，其實這是個錯誤的觀念。造成近視的原因通常是閱讀習慣或光線不良而非學習速度。相反地，速讀時會將眼部肌肉往四面八方移動，眼球移動的視線範圍必定跟著加大，如此不但能鍛鍊眼部肌肉，也可促進眼球內的血液循環，因此可使視力焦點趨於正常化。

◆視點與視野

醫學上的研究顯示人類閱讀時，眼球並不是連續不斷地移動，而是做有規律的忽動與忽停跳動。而眼睛只有在眼球處於停止狀態下，才能接收文章內容，跳動的時候則不會吸收任何訊息。而這個**時間稍長的眼球停頓點，就稱為「視點」**。

「視野」（或稱視幅），就是眼球固定在視點時，所能看到的可能文字範圍。通常正常人兩眼之間的視野會重複，而且相當廣闊。如果平常能多做眼球運動，就能藉此增大視野。從眼科臨床醫學的角度來說，**視網膜為眼球裡面最內層的神經膜層，視野是表示視網膜黃斑中心區（Macula Area）以外的視覺細胞功能**。當閱讀時，可透過眼睛對文字符號進行感知，然後由神經傳導到大腦，而在視網膜上可以看到的文字範圍，稱爲「自動視野」；同樣映在視網膜上，卻無法感知的更大文字範圍，則稱爲「被動視野」。

許多讀者從小就養成逐字念書的習慣，總認爲慢工可以出細活，誤認爲對內容會有更好的理解效果。因此閱讀時「視點」所擁有的「自動視野」範圍內只有一或兩個文字；這時離

視野

．視野是表示視網膜黃斑中心區以外的視覺細胞功能。就是眼球固定在視點時，所能看到的可能範圍。

視點中心越遠，所看的對象就越難進入自動視野，視覺反應也就越遲頓。

當眼球靜止不動時的視野約爲一百六十至一百七十度角的扇形範圍，**如果想要加快閱讀速度，第一步就要練習增大視野的眼球運動。**「自動視野」越擴大，越是可能將瞬間看到的事物收入視網膜範圍。

所謂增大視野就是擴大視點面積，使眼球運動靈活，視覺反應更加靈敏。

這時每一個閱讀視點所攝取的閱讀量就會越大，也就是指人的眼睛在閱讀時所看清楚的地方會更大，也因爲眼球停頓次數少，在每個視點停頓的時間也縮短，並可減少不專心的狀況。

擴大視野

．如果不想要加快閱讀速度，第一步就要練習擴大視野運動，「自動視野」越擴大越可能將瞬間看到的事物收入視網膜內，使眼球運動靈活視覺反應更靈敏。

〔增大視野練習〕

日常生活中，我們可以利用以下幾個類似的場合做增大視野的練習：

■站在高處俯視下方車水馬龍的車潮，將一眼所能見的車流量逐步加大，例如從原本一個路口，增加到兩個路口，依此類推。

■用眼球追蹤飛行中的昆蟲。從原本一次只追蹤其中一隻的活動，依序增加所追蹤的數目。頭部不需要隨之動作，只要進行眼部活動就好。

■以中等速度穿過鬧區，以廣角鏡的方式盡可能將周遭的景物攝入腦海中，包括行人、房子、車輛和商店等。

■通過馬路時別再東張西望，最好練習一次看清兩側來車情況，並試著同時瀏覽道路兩旁商店招牌的內容。

另外，我們也可以利用，以下各圖中依箭頭指示的方向來移動眼球，多做眼球運動藉以增大視野。

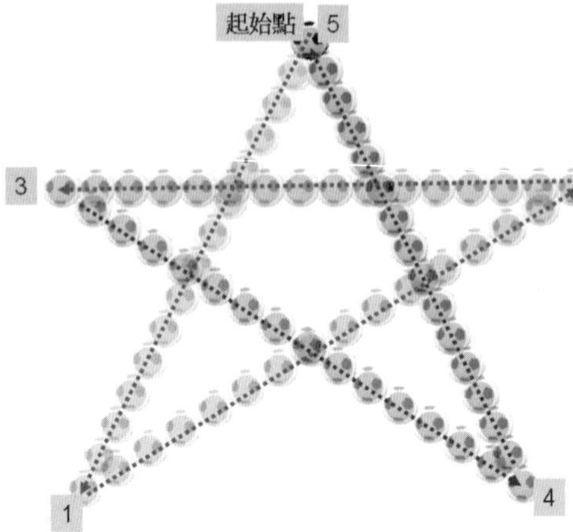

星形
· 以交叉的視點的方式移動視幅，像畫☆形的方式訓練眼力。

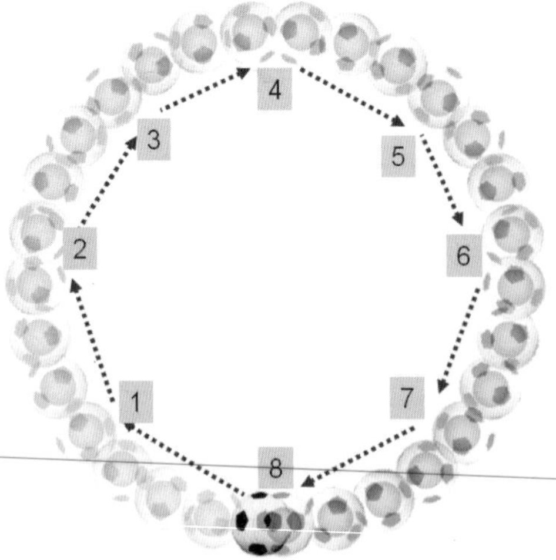

環形
· 轉動眼球由一個點點盡量移動眼野幅度再回到原點來回訓練。

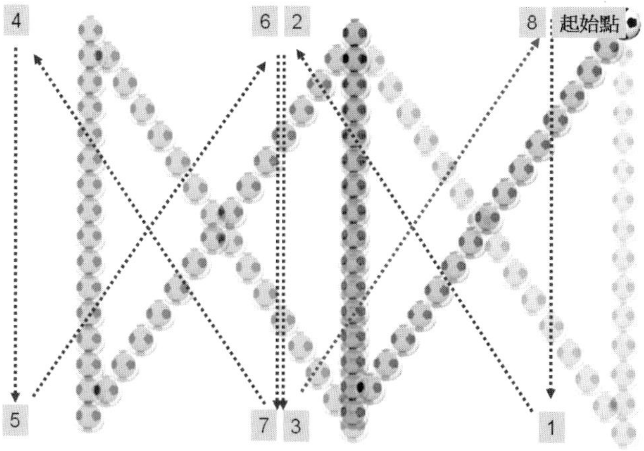

上下波動形

・眼球運動由上下往左移來回訓練。

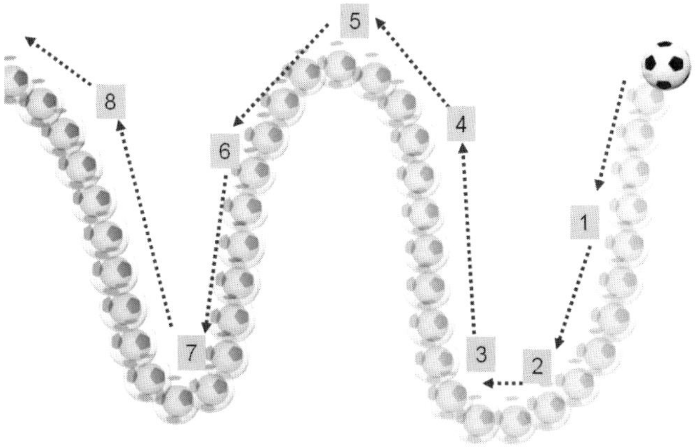

W 形

・以流動的視點飄移視幅來訓練眼力。

〈不定點閃字〉

在「油漆式速記單字訓練系統」中，我們就特別針對了增大視野功能，設計了不定點閃字訓練。不定點閃字原理和閃卡（flash card）的觀念相同，在每次開始閱讀新的單字範圍時，會讓出現的字彙動態隨機在螢幕的任何位置跳動。這種跳躍式的視覺刺激非常敏銳，還可以讓使用者在心理上產生「定向反應」（orienting response），使其在背誦時更能集中注意力，同時還能激發更多視網膜上的視野潛能，並強化眼球肌肉的活動力。

也就是說，使用「油漆式速記單字訓練系統」除了能快速記憶單字，更同時兼備訓練速讀能力的功能。亦即當視野經過逐步擴大的訓練後，對於日後閱讀速度的增進，也會有潛移默化的幫助。

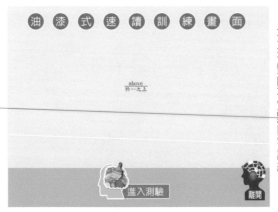

・增大視野的不定點閃字訓練

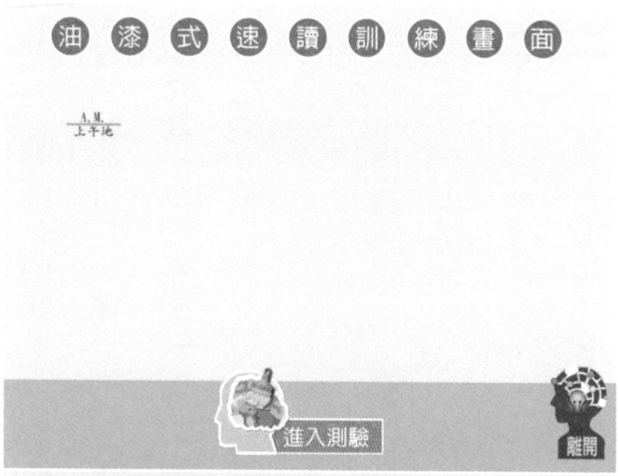

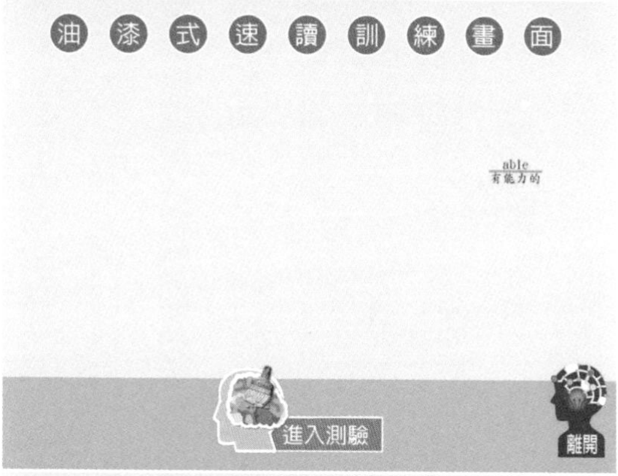

◆視讀節奏的訓練

成功決定於感覺，信心才會帶來速度！

有些人經常抱怨讀書速度太慢，認爲自己不是塊讀書的料，其實會這麼沒有信心，多半原因就是不了解速讀技巧。通常造成閱讀速度變慢的主要原因有三種：第一種是視點停留次數過多，其二是注視時間過長，第三則是因爲自認未看清楚文意，而造成返回前一個視點的情況過多，這種現像稱爲「回視」。這三種原因使得單位時間內的閱讀量過少，而造成閱讀速度太慢，因此若想增加閱讀速度，就必須針對以上三點原因來改進。

當我們討論單位時間內閱讀量大小時，一方面取決於**視野大小**，另一方面則是有關單位時間內視點移動的快慢。所謂**視點移動的快慢，就稱為「視讀節奏」**，閱讀時唯有加快視讀節奏，才能眞正訓練視點靈活移動。當視野相同的情況下，誰的停頓時間短，自然能讀得較快，也就是**每次移動視野時，要盡量讓進入視野的文字量能夠加大**。這樣的好處除了能提高瞬間攝取文字的量，還可以鍛鍊眼肌功能，避免眼球運動發生遲鈍現象，可以說是有一舉兩得的功效。

學習者在提高「視讀節奏」的初期，隨著速度提高，對文意理解的程度可能暫時降低，此時請不要過於驚慌。一旦找到自己最佳的「視讀節奏」後，理解力就會漸漸回升，達到原來速度時的理解水平，這就是人類視覺潛能發揮下的適應力。如果平日想要進行「視讀節奏」練習，大原則就是逐次提升閱讀速度，精確輕快地移動視點，讓第一眼和第二眼之間停頓的視點間隙盡量縮短。

「不要有意識地慢慢閱讀，而要無意識地加快閱讀。」這是進行速讀時應該保持的心境。各位可以按照一定的「視讀節奏」，讓眼球以S型、Z型或廣角型，由上到下來快速移動視點，並隨著文字移動來掃瞄內容。當努力地移動眼睛與加快「視讀節奏」，其他跟閱讀無關的雜念，自然很容易屏除掉，不知不覺中注意力就會提升了。

這個道理就好比在高速公路上開車時，如果覺得精神無法集中，只要稍微踩油門加快速度，就自然能迫使自己集中精神。

速讀學習者多半都會發現，若經常以同樣的「視讀節奏」閱讀，一段時間過後就會覺得速度越變越慢。這個道理就像古代有人綁鉛塊練習輕功一樣，剛開始一定是舉步維艱，後來便發覺越走越輕鬆，這就是腳力變強了。

其實速讀學習者後來覺得自己速度變慢，並非真的是閱讀速度變慢，而是自己的眼力變得更快了。油漆式速記法中的「視讀節奏」，講究的正是如行雲流水般的加速感。

我們在「油漆式速記單字訓練系統」中，特別加入了速度調整功能，目的就是要藉著電腦更精準控制每次加快的「視讀節奏」，當然這同時也是一種加強眼力的速讀訓練。

對許多人來說，速讀可能是一種具有大量心理負荷的腦力勞動，因爲多半的初學者擔心在閱讀速度加快下，會有許多地方看不清楚。如此就容易對「看不懂」之處所產生的不安全感耿耿於懷，連帶可能產生「回視」問題，這也是降低閱讀速度和理解力的最大元兇。

就好比在體育課時走平衡木一樣，如果心裡怕摔倒而只敢在原地磨蹭，那肯定沒走幾步就會因爲站不穩而掉下來。

反觀那些訓練有素的體操高手，懷著十足信心勇往直前，還能表演出許多花式的高難度動作。「**成功決定於感覺，信心才會帶來速度！**」速讀的要訣正是如此，

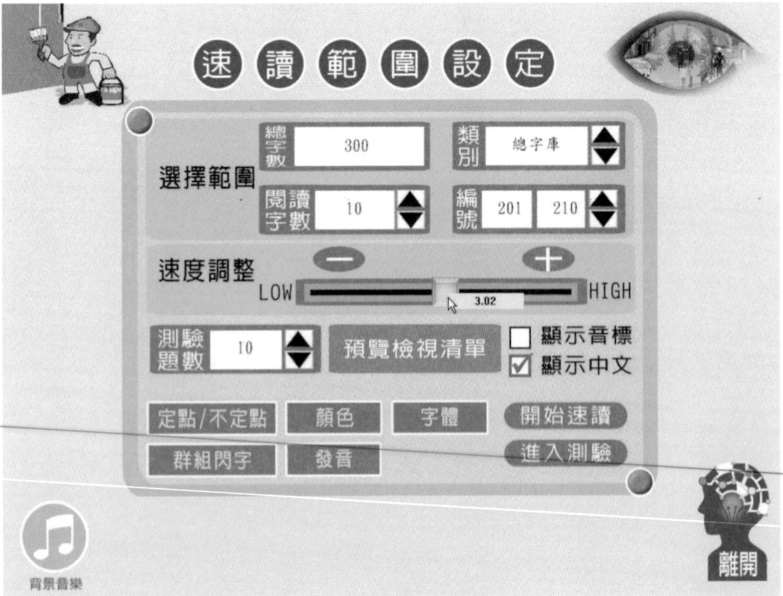

・「油漆式速記單字訓練系統」中的速度調整功能。

越有信心，就會讀的越快，只有充滿信心才會帶來速度。

◆切換迴轉式速讀

雖然信心能帶來閱讀速度，但羅馬不是一天造成，爲了克服初學者的不安全感，油漆式速記法獨創的「切換迴轉式速讀」就是一個十分有用的方法。**「切換迴轉式速讀」就代表了「多層次粉刷油漆」的精神**。

這就好像刷油漆的老師父在刷油漆時，通常會以塗三道漆爲原則，絕對不會想畢其功於一般。在沾滿了油漆後，第一次刷時就盡量漆稀一點，並盡力讓這一刷的面積能擴大，只要牆面顏色看來均勻即可，而不是拘泥在小範圍內的修修改改。然後再換把不同尺寸的漆刷，這時刷勻的動作可再加快點。因爲不同的刷子與落點，會補齊第一刷時的空隙。接下來每再多刷一次，整面牆就會好看幾分，而牆面油漆的顏色也會逐漸飽滿起來，比上一次更加美觀。

切換迴轉式速讀的關鍵建構在高速閱讀的前提下，只要自己能夠容忍每次閱讀時，對於看不懂的地方，讓下一次閱讀來解決這次困惑的所在，就能發揮其效果。**「切換」所指的就**

是每次速讀時，不同的「速度情境」；而「迴轉」就是指重複閱讀。「切換迴轉式速讀」的意義是利用逐次加快的「視讀節奏」來重複正在閱讀的內容。

切換的目的在變化情境，當記憶的情境越相似，越容易因干擾而遺忘，所以要加以改變。當至少已廣泛涉獵一遍後，每次閱讀時對於內容所產生的共鳴也會不同，而下一次要再閱讀同樣內容時，則務必讓「視讀節奏」逐漸加快，同樣地視點停留次數也會遞減。

此外，千萬記住要保持一種「放鬆性警覺」的心情，因爲即使這次沒記住，第二次複習時還可再試一遍，或者還能有第三次的機會。

◆關鍵字閱讀

一般人總是認爲速讀只能訓練快速瀏覽，最多就是走馬看花，不重視文意的理解，這是對速讀的大誤解。速讀的最終目的不只要求速度快，對於內容也能充分理解。

開始速讀時，因爲要一眼就能比平常多看幾個字，理解力自然會略爲下降，畢竟看和理解之間還是有段距離。那要如何突破這種困境呢？

其實一篇文章中有許多文字是無關緊要的，這些贅字在閱讀時可以去蕪存菁，容許適度的剔除與忽視。

簡單來說，就是不要去追究每一個詞語的意思，而是要掌握文章的精神。因爲需要閱讀的不是細節而是重點，也就是**文章中具體可見的核心用語，通常會是以動詞或名詞的形式來表現，這些稱為「關鍵字」**。

速讀的基本訓練就是讓人知道如何更快速地抓住文章的關鍵字，把那些無關緊要的引文、圖表和說明過程等盡量省略，讓目光敏銳地抓住書中的重點和主要脈絡來閱讀。

Part Two

油漆式速記法——速記原理

【第四章】

油漆式速記大解析

充份發揮多重感官聯想力，將影像立體、誇張、色彩化，就能讓短期記憶轉變成中長期的記憶。

油漆式速記法是一種「**大量、全腦、多層次**」的速讀與速記方法，利用一種具備圖像特徵的右腦直覺性速讀，再配合左腦思考性的分析測驗，真正達到了左右腦合作的全腦學習效果，不僅可以活化大腦神經元，刺激神經軸突的高速成長，還能在短時間內記憶大量資訊。

◆發揮聯想力

之前我們介紹過基礎的**油漆式速讀方式，就是將每一眼所看到的文字範圍盡量擴大，並把納入視網膜的文字範圍當成一張「圖」來看**。但這只是將這段文字當成文字圖塊來處理，所得到的效果多半是短期記憶。

如果想將記憶長期紮根，就必須充分運用個人的聯想力，將所看到的文字圖塊變為心中一張張聲光效果十足的圖像，盡量讓閱讀變得有如欣賞電影畫面一樣。事實上，人類的右腦具有自主性，能發揮獨自的聯想力，對這些訊息自動加工處理，並衍生出意想不到的創造性圖像，達到圖像思考連結的效果。

「聯想力」可看成是一種與生俱來的反應，或一種思考上的連結力。可以包含心裡想像的影像、看書時聽到的聲音、當下聞到的氣味等多重感官連結。聯想力跟個人的生活經驗有密不可分的關係，就是在人生的見聞中，快速搭起一座記憶的橋樑，使得過去與現實中的事物能相互連結。更重要的是，「聯想力」也是促使我們產生水平思考或逆向思考的關鍵，是一種非常強而有效的學習技能。

油漆式速記法的速記技巧，就是以圖像快照來速讀，將表面沒有任何意義的訊息，直接利用眼腦直映後的圖像來輔助記憶。

接著還要利用聯想力將圖像標籤連結在一起，就如同電影中畫面能讓記憶深刻長久的道理一樣。如果記憶要好，右腦的圖像快速成形能力一定要好，而「油漆式速記法」就是一種相當有效的右腦有氧運動訓練。

◆多重感官聯想

想要在閱讀文章時，達到高效率的右腦圖像境界並不容易，也非一朝一夕就可以做到。除了要先練成一目十行的速讀功力外，還要有將故事情節誇大化的能力。

因爲愈是前所未見、荒誕不經的事物，愈會在腦海中產生深刻的印象，原因在於大腦特別容易記住具有強烈感官刺激的資訊。尤其若能在圖像中加入幽默與卡通話的元素，讓色彩與形象愈是生動活潑，記憶效率就會愈高，甚至要盡可能讓大腦中的圖像動起來，因爲動態影像比靜態圖像更可讓人記憶深刻。

接下來我們開始做個小練習，請各位試著用一眼就看盡以下文字範圍，並找出文意中的關鍵字：

他一拐一拐地走到屋外的**劈柴墩**上，坐下來用力揉著自己發麻的雙腳，卻發現在小屋竟然有如此壯觀的景致。放眼望去，金光萬道，**火紅的太陽**也正由遠處大海的盡頭，一點一點冒出頭來。整個原本碧藍無垠的**大海**上，好似鋪上了一襲金色地毯般的燦爛奪目，籠罩在飄緲雲霧中的山容，頓時天雲清朗，一望無涯。就如同多少魯凱與排灣族人口耳相傳的讚美，**大武山**的美就是在山連海，海又連天。此刻天空上飄來幾朵有如棉絮般閃閃發亮的**雲彩**，四周佈滿了千變萬化的光影，讓整個天空與大海互相輝映。簡直就像一首動人心魄的**古曲**，涼風吹來，樂音就隨風中飄逝。

接著閉上眼睛回想剛剛閱讀的內容，並運用本書中有關右腦學習的建議，將剛才所感知的關鍵字重點，放在腦海中聯想成圖像。以下是我們所描述的圖像：

※首先找出關鍵字將情境組合。

1. 劈柴墩
2. 火紅的太陽
3. 大海
4. 大武山
5. 雲彩
6. 古曲

各位也可想像在耳邊響起原住民的古曲樂聲，鼻子中吸進晨曦中露水與青草的香味，臉旁吻著陣陣微寒海風，讓圖像以3D動態的效果呈現。

這就是我們所強調的，**聯想的技巧除了要把視覺感記錄到右腦存檔，最好加上其他感官的記錄來加強聯想力所塑造的想像空間**。在腦海中的圖像愈生動鮮明，記憶就愈持久，所以圖像的生動化是速記成效的一個重要關鍵。

接下來請練習以眼腦直映的方式，一邊快速理解文字的排列組合，一邊則利用右腦將收到的訊息不斷地描繪出圖像。

這走回小屋的路上，他好像走路有風般，三步併做兩步的快速前進。到了小屋外，就在屋外的小溪旁，生了柴火。他井然有序地將一切食物該煮的煮，該洗的洗，一點都不馬虎。單憑卡多的外表看似粗線條，絕對看不出來他烹調起食物來會如此細心。準備就緒後，卡多先在門口往內聽了一下，發現裡面鴉雀無聲，心想一定是還在貪睡。他興奮地打開小屋那道半開破舊的門，向裡面大聲叫道：「小懶豬，該起床囉！肚子是不是餓了？」

這張圖像中希望營造出山中場景間的立體感，要有點走在山上小路的感覺，並想像柴火堆旁，有著一些準備的食物。以下是我們所描述的圖像：

※練習以眼腦直映的方式，一邊理解文字的排列組合，一邊將情境畫面立體呈現出來。

◆立體成像效果

下面的文字閱讀時，要盡量做到忘記文字的傳遞，讓右腦瞬間將訊息圖像化，就是直接看字就想圖，腦中已無任何文字的痕跡。這張圖必須將屋裡屋外的空間感表示出來，以形成強烈的對比。

> 當他往裡面一看時，心中大爲駭然，頓時嚇出了一身冷汗，慌張地說道：「公主，妳在哪？不要嚇我，發生什麼事了！」眼前的小屋內，原本他出門前早已整理妥當，可是現在這間小屋幾乎成了斷垣殘壁，兩面牆壁都破了個大洞。所有的東西都亂成一團，紛紛散落各處，簡直就是經過了一場激烈的搏鬥。但最糟糕的是本來在屋內熟睡的巴冷，已消失了蹤影。卡多心急如焚的翻遍屋內各處，只發現了牆上留有斑斑的血跡。他幾乎抓狂，用著近乎哽咽的聲音呼喊巴冷。確定了巴冷不在屋內後，卡多心中有了不祥的預感。

主角心中的恐慌跟著急，似乎還讓我們感覺到他急促的心跳聲。下圖是我們腦海中可能描述出的圖像：

※最後呈現出的立體畫面，再下一個誇張結局如分裂畫面，以增強影像記憶的效果。

◆速記單字秘訣：形音義三合一

上面的各個範例，就是我們在閱讀文章時，練習以右腦圖像化來做學習與思考的模組與步驟。這種方式如果應用在學習外語的背單字過程，功效將更為強大，因為在聯想力的應用上較為簡單與直接。

事實上，當我們習慣把英文與中文當成一個文字字串圖像來看後，基本上已經達到短期記憶的基本程度了。但想達到長期記憶的效果，除了之前提過的「切換迴轉式速讀」外，如果能從「形、音、義」三管齊下，並同步記住單字的圖像、原文發音與中文詞意，將會得到更快更好的成效。也就是在**看到單字的瞬間，右腦立刻描述圖像，左腦理解中文詞意與練習發音，達到左右腦共用的全腦學習效果**。這個道理就像是聽流行歌曲時，不但能一邊欣賞優美的旋律，也可以一邊思考歌詞的含義，左右腦可以同時得到刺激，腦部神經元自然可以得到活化的效用。

初學者不妨先以字串文字圖像方式，至少背誦過這些單字一次，也就是先刷過第一層底漆後，再來練習。接著不妨翻開手邊任何一本單字書，按照以下的方法練習。接著先設定十個單字（利用下圖先做練習），每個單字以一至二秒的時間看完。在看單字的同時，請立即爲單字創造個別的視覺圖像，並對應一個中文詞意快速理解。

某些文字可以快速儲存爲視覺圖像，主要視其具體性而定。好比講到「柳丁」，可以輕而易舉視覺化。例如提到熊貓，你不妨想像成「功夫熊貓」電影中，那隻活蹦亂跳學武功的阿波，一副圓滾滾又好吃懶做的模樣。不過有些單字就很抽象了，無法以具象的圖形表現，此時就可以用象徵性的人事物來替換。例如「夢想」一詞雖然沒有具體的意象，但不妨以美國新任總統「歐巴馬」的形象代表，畢竟他實現了美國建國以來，非裔移民的最大夢想。

只要透過靈活的聯想，新舊記憶間可產生最佳且最多的連結，並將創意、圖像和整體意念串聯，就可

bachelor	【'bætʃlɚ】	學士；未婚男子
vegetarian	【ˌvɛdʒə'tɛrɪən】	素食者
wallet	【'wɑlɪt】	皮包
shriek	【ʃrik】	尖叫
ache	【ek】	疼痛
admiration	【ˌædmə'reʃən】	讚嘆；欽佩（名詞）
accomplice	【ə'kɑmplɪs】	共犯
jail	【dʒel】	牢獄
hail	【hel】	爲…歡呼
vehicle	【'viɪkl̩】	車輛；陸上交通工具

・先以十個單字為一單位，同步做「形、音、義」的練習。

以在腦海中開啓新的記憶單字途徑。特別是當圖像顯示時，心中同時默念此單字，並將這聲音「鑲」在圖像中，日後一看到此單字，影音同步呈現，這和我們在網頁上嵌入聲音檔的模式十分類似。

上述過程請重複二至三次，依照各人的熟悉度而定，並把握住本章所建議的聯想原則，請選擇第一個中文意思來創造圖像，那通常就是單字使用頻率最高的意義。以背單字來說，**卡通化**、**誇張化**、**色彩化**是三個聯想基本原則。底下是背誦這十個字的創意圖像範例，讀者當然可以各自發揮想像力，天馬行空自行創造。

學士

bachelor

〔ˈbætʃlɚ〕

在畢業典禮上，頭戴垂著帽穗的學士帽，手上捧著畢業證書，一看就知道是從大學畢業的人。

皮包

wallet

〔ˈwɑlɪt〕

立即想到太太小姐們手上那些五顏六色的包包，有皮夾、小錢包、皮製小旅行袋等。

疼痛

ache

〔ek〕

一個全身纏滿了繃帶的病人，還得拄著拐杖才能走路，光看樣子就知道一定痛得要命。

素食者

vegetarian

〔ˌvɛdʒəˈtɛrɪən〕

通常會先想到雙手合什的光頭小和尚，身邊還圍繞著青椒、紅蘿蔔、花椰菜、磨菇等素食中常用的蔬菜。

共犯

accomplice

〔əˈkɑmplɪs〕

監獄中兩個被銬在一起的囚犯，標準狼狽為奸的難兄難弟。

尖叫

shriek

〔ʃrik〕

一個小朋友突然發現爸爸媽媽不見了，放開嗓子拚命大叫。

為……歡呼

hail

〔hel〕

兩個打扮清涼的啦啦隊隊員，揮動著彩球載歌載舞地喝采。

讚嘆

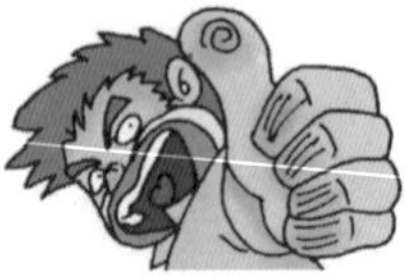

admiration

〔ˌædməˈreʃən〕

某人看到一件精美絕倫的藝術品，滿臉興奮忍不住豎起大姆指大聲叫好。

車輛

vehicle

〔ˈviɪkl̩〕

一堆功用不同的陸上交通工具，例如汽車、摩托車、大貨車等。

牢獄

jail

〔dʒel〕

一個被關在鐵窗內的犯人，哭喪著臉拉著鐵桿，渴望得到自由的樣子。

接下來請把中文註解遮住，並測驗是否記得這個單字的中文意思，思考時間約三至五秒。此時你會發現一看到這些單字，腦海會先顯現剛才的圖像，然後才出現中文字意，這就是全腦記憶的好處。

讀者可以利用這種方法快速記憶單字，有了背誦兩百至三百字的經驗後，可以減少圖文並列的記誦單字次數，好比之前必須想三遍，在有記憶經驗後只要想兩遍即可。

接下來還是先將中文註解遮住，並逐字測驗是否記得各個單字的中文意思，思考時間縮短成二至三秒間。大多數學習者會發現，雖然縮短閱讀次數與時間，但圖像的影像卻愈是清晰，答對的正確率也會提高。這種方式比單純使用字串圖像（純文字背誦）的記憶效果更佳，因爲視覺圖像比文字記憶更強，只要**將單字視覺化，記憶必然更深刻**。

以上所介紹的方法，都是假設讀者閱讀單字書籍時的背誦狀況，由於過程需以手動控制，多少會有些不便，效果也可能不夠精準快速。「油漆式速記單字訓練系統」針對上述缺點設計更適合背誦單字的模式，由電腦控制時間及速度，在閃字過程時，使用者只要在內心聯想單字圖像，並於之後進行測驗時回想單字，就能大大提升學習的效果及便利性！現在就立即使用隨書附送的試用光碟，來一場充滿成就感的單字背誦大挑戰吧！

【第五章】

油漆式速記法的訣竅

「油漆式速記法」的入門心法口訣：「記住就是忘記，忘記就是記住！」

在前面的章節裡，我們知道快速記憶必須發揮多重感官聯想力，在內心形成卡通化、誇張化與色彩化的立體圖像，讓左右腦可以同時接受刺激，達到相輔相成的效果，經過不斷的訓練就可以將短期的記憶轉變成長期的記憶。除此之外，還有什麼秘訣可以讓我們更快學會油漆式速記法呢？在這裡我們想引用金庸小說《倚天屠龍記》裡的一個片段，讓讀者能更加貼近瞭解「油漆式速記法」的的心法。

金庸小說之所以廣受歡迎，就在金庸大俠總是於字裡行間融入許多令人驚喜的典故，這些典故不但涵蓋了人文歷史，甚至還包括了現代科學。例如《倚天屠龍記》有段情節描述當時蒙古郡主趙敏，帶領一班高手圍攻武當山，雙方在三清殿中對峙的情形……

◆記住就是忘記

此刻有一位號稱八臂神劍的丐幫長老方東白，準備向掌門人張三豐討教劍法，然而就在不久前，張眞人被奸人所害，身受嚴重內傷，已經無法運動眞氣。看來趙敏這些人，表面上雖是討教劍法，但實情卻是要試探張眞人受傷的虛實。萬分情急之下，張眞人只有在大殿旁，將太極劍法傳授給徒孫張無忌，由他代爲上場比試。

只見張眞人氣定神閒地一路使完五十四式劍招，便回過頭問張無忌道：「都記得了嗎？」張無忌低頭默想一會兒，於是抬頭說道：「已忘記一大半了！」

張眞人看了他一眼，臉露微笑道：「好，我再使一遍，可要看仔細了！」當下張眞人又比劃了一次，接著又問道：「孩子，現在怎樣了？」張無忌望著天空發呆，沒頭沒腦地回道：「還有三招沒忘記！」

他在大殿上來回踱步一會兒，突然喜出望外大喊：「我全忘了，忘得乾乾淨淨了！」

張眞人聞言，滿臉喜色說道：「很好！很好！忘得眞快，你已學會了太極劍，快去跟八臂神劍比試劍法吧！」

這段故事表面雖說是談到兩位高手授劍、學劍的情景，但對話中所隱含的「忘記功夫」，對照於現代的記憶科學，真是相當經典！我經常在「油漆式速記法」巡迴演講開場白時，單刀直入地告訴聽眾「油漆式速記法」的最入門學習心法。這個口訣相當簡單，那就是：「記住就是忘記，忘記就是記住！」

此話一出經常引得全場嘩然，每個人都丈二金剛摸不著頭緒，怎麼一下記住一下忘記，搞不清楚「油漆式速記法」葫蘆裡到底賣些什麼藥。而我們上面提到的張無忌學太極劍的故事，正是這個口訣的最佳詮釋。

如果從現代大腦醫學的角度來看，**張無忌在學劍的當下，就是讓大腦處於一種 α 腦波活躍的狀態，即是最適合大腦快速掌握新知的狀態**。大家一定很好奇，武功天下第一的明教教主張無忌學習太極劍法，若能在短時間內驗收成果，應該是和他名聞天下的九陽神功有關，怎麼會跟腦波扯上關係呢？

答案是非常肯定，當然跟腦波有關！

◆腦波與學習

由於張眞人所獨創的太極劍，講究的是「意在劍先，綿綿不絕」的精神，最高層次則在以意御劍，千變萬化。這種境界也只有在張無忌物我兩忘，身心合一的情況下，才能盡得其畢生眞傳。各位讀者可別以爲這只是金庸大師生花妙筆下的武俠世界，其實其中已經點出速記領域的最佳捷徑。

從大腦生理學的角度來解釋，任何人不管在什麼時候、做些什麼事，甚至是睡覺時，大腦中的腦神經細胞仍不停止作用、活動，並不時地產生「電流脈衝」，我們稱這些由大腦所產生的電流爲「腦波」。尤其**當一個人身心全然放鬆或大腦細胞活躍時就會產生 α 腦波，這也是最能進入潛意識及激發潛能的有效觸媒**。張無忌學劍時，已到了無招勝有招的忘我境界，想必那時他的大腦應該是充滿了 α 腦波，靈感正如潮水般湧入腦中。

【腦波解析】

大腦就像無線電臺一般，從腦波圖中，可測量與分類出四種腦電波，請看以下的說明：

■ α腦波：

波長爲8-12Hz（赫茲），當放鬆身心的時候，腦波會產生較低的周波。在α腦波下，大腦呈現高度清晰的狀態，如果可以有意識地降低自己的腦波，就能讓自己變得更能集中注意力。如此一來，無論是學習或閱讀，都能收到事半功倍的效果，這就是爲什麼每一個成功的學習法，總是教人從放鬆開始。

■β腦波：

波長爲14-100Hz，這種腦電波反映的是人類在一種緊張或清醒狀態下，並同時出現邏輯思維、分析以及有意識的活動。當情緒波動、焦慮不安或是因任何一種激動情緒而興奮時，波動頻率就會增加，腦波活動會上升更高的周波。例如當我們注意力集中，正在進行各種考試時，就會進入β腦波狀態。

■θ腦波：

波長4-8Hz，當感到睡意朦朧，也就是處於一種半夢半醒間的潛意識狀態。這時人的精神處於高度鬆弛，例如當人處於靜坐或冥想時，就會產生θ腦波。

■ δ腦波：

波長為0.5-4Hz，是最低的腦波活動，人的睡眠品質好壞與δ波有非常直接的關聯。當完全進入深度的無夢睡眠時，血壓和體溫會下降，並進入無意識狀態，δ腦波就會產生。

◆ α腦波與記憶

在清楚各種腦波種類與作用後，就不難理解想達到速讀與速記的超強功效，首先在心態上就必須要讓自己處於α腦波的狀態，如此一來大腦的能量和氧氣才會得到充足的供應，進而促進神經細胞的代謝，注意力自然能集中，記憶力跟著大增，想像力也隨之豐富起來。

油漆式速記法的入門第一課就是：「要先學會忘記，千萬不可努力想要記住。」簡單來說，忘記就是速記的第一步！高速記憶時如果越想記住，效果反倒愈差而不容易記住。使用「油漆式速記單字系統」速記單字的道理其實很簡單，我們希望讓使用者就像參加一個精心設計的瘦身美容療程，不用去深究哪一個療程的作用，只管全身忘我般地去享受這些專業過程，完成之後就能擁有驚為天人般的改變。

從一開始的不定點閃字速讀訓練，到其他各類型的測驗與成績單報告，我們都苦口婆心地強調忘記的重要性，盡量讓自己沉浸在α腦波的環境中。

例如許多人常常在背單字時，怕忘了剛剛才背過的單字，忍不住又回想了一下，這種患得患失的心態，反而讓記憶效果更差。這樣的學習態度就像F1賽車的選手在高速行駛的情況下，若沒有專心一意掌握自己的方向盤，反而一直回頭注意後面的對手動靜，結果不是被人迎頭趕上，就是會造成自己偏離賽道或翻車。

速記單字的道理就是如此，在快速記憶的過程中，不要回憶前面的單字，心態上反而盡量努力忘記，如此才會在不知不覺中記住這些單字。

◆交感神經作用

我們還可以從另一種生理角度來說明「忘記反而能幫助記憶」這個道理。記憶力差的人往往對「忘記」有很大的恐懼，如果一直存在這個心理因素的話，就很容易引起交感神經的異常動作。

這就好比大家在考試當下的經驗，很多原本在考前背得滾瓜爛熟的公式，卻在拿到考卷的瞬間，突然發現自己腦海中一片空白。或者在現代社會中，有許多過度用功的學生變成精神衰弱、患得患失；而在職場上也有不少人因爲壓力大、太過投入而得到憂鬱症。這些狀況都是由於精神過於緊繃，而引起自律神經系統中的交感神經異常亢奮。

「自律神經系統」是由交感神經及副交感神經所組成，而且這兩套系統的調節機能是相互抑制的關係。人體中大部分的器官同時接受交感神經及副交感神經的支配，如心跳、呼吸、腸胃蠕動、排汗、睡眠、體溫、血壓和瞳孔放大縮小等。

交感神經是屬於對外的作戰系統，讓人體能即時應付外來的緊急狀況；而副交感神經則是對內的調整系統，使主要的生理系統活動力降低。例如當我們參加拔河比賽時，猛力的拉動繩子，就是由交感神經來控制，並讓血壓上升與心跳加快，力量也突然變大。

如果在速讀文章時過於急功心切，當越想要讓自己加速記憶，反而越會引起交感神經過於亢進。

想記的念頭越強，大腦的記憶中樞反而陷入空轉。

這樣的情況會導致動脈收縮，而使大腦缺氧讓血液循環不流暢，甚至於引起瞳孔放大、視幅縮小等問題。最後的結果反而是只能看到眼前的事物，對於視網膜上的殘像也會視而不見，整體感知能力因此失常，最後就會出現閱讀效率低落與記憶力衰退。

經過以上的說明，相信各位應該能了解**「忘記是速記第一步」**的主要用意，目的就是讓各位在快速學習時能產生α腦波，而且同步抑制交感神經的異常動作。

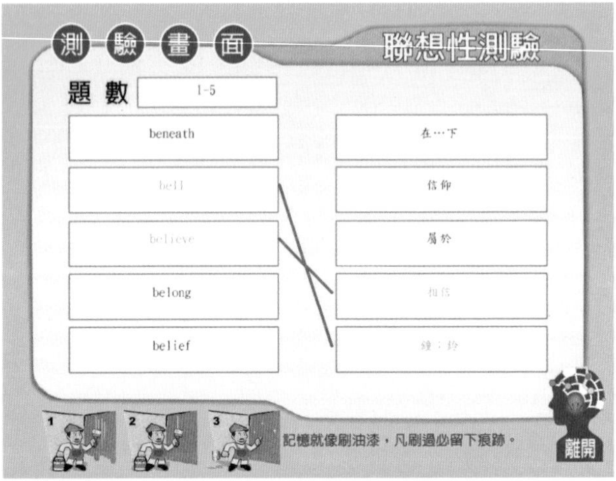

．「油漆式速記法」的單字記憶系統包括了聯想性、觸覺性、認知性等測驗方式，讓讀者可以在輕鬆、有趣的互動中，輕易背誦單字。

Part Three

油漆式速記法——實際運用

【第六章】

你的英文油漆了沒

「油漆式速記法」中對於單字的背誦理論，就類似現代化工廠中的一貫化作業生產線，有製造、組裝到包裝等協同處理單位，當然也加入了「速讀」、「回溯」與「刺激」三環節。

在這個進入地球村的世代，全球化的腳步日益快速，學好外國語文成爲現代人當務之急的功課，其中又以英文最爲普遍。許多傳統的學習方法都會讓我們覺得學好英文是門天大的學問，似乎沒有下過鐵杵磨成針的功夫，就不要夢想自己能擁有優秀的英文能力。然而就是這種善意的忠告，無形中爲許多莘莘學子，在學習英文時帶來可怕的陰影。

◆英文只是一種工具

大多數的學生總喜歡把英文當做是一門大學問來鑽研，成天沉浸在千奇百怪的文法規則中。文法是經過千百年演變的結晶，代表了該種語言所處地區的文化、自然、音符與種族的特色，最能呈現出語言之美。然而現在許多文法老師都用填鴨式的教學方法，將文法規則編弄得有如法律條文，更要求學生背誦，讓學習英文的學生不緊張也難。

就算有些學生能夠將密密麻麻的文法規則倒背如流，但若要他說上幾句英文，卻又臉紅耳赤，呑呑吐吐。反倒不如有些移民國外的老先生、老太太，他們在美國待沒幾個月，講起英文來就能頭頭是道，這就是環境的力量。這個道理就好比一個人就算懂得物理的平衡公式，但眞正要他去溜冰時，他卻又跌得鼻青臉腫，理論和實際上還是有段差距。

其實英文只是種實用的溝通工具（tool），而非深奧難懂的理論。簡單來說，就像我們不需要去鑽研工具的製造方法，重點是要能利用這種工具。

學習英文的最佳方式便是營造適合學習的環境，也就是眞正把英文當成溝通工具去體驗與認識英文。怎麼說呢？例如讓學生大量閱讀由淺入深的英文讀物或報紙，或是多聽英文廣播和觀看影集，才是眞正在潛移默化中學好英文的捷徑。

只有在經過與英文的廣泛接觸後，這時你的表達訊息才是累積在腦海中的整體語意觀念，而非一些零碎的片段文法，簡單來說，英文就變成是在大腦語言中樞中一個直覺式邏輯。

◆單字是英文之母

所謂「學好英文」並非要求每個人都成為語言學家，應該是讓同學能夠輕鬆把英文當成一種溝通工具。**能用英文溝通，就是英文好。要利用英文和人溝通，如果沒有基本的單字認知，就會有如「巧婦難為無米之炊」**。所以開始學習英文，首先就是要能背誦大量單字。之後才能如古人所說的：「熟讀唐詩三百首，不會作詩也會吟！」有足夠的單字能力去與他人溝通。

背英文單字這份苦差事，是任何學英文的人的必經道路，而認識單字的數量多寡，更能直接影響英文運用的能力！例如當我們閱讀英文報紙時，只要遇到不認識的單字，大概都會暫停一下準備翻字典或查翻譯機。許多人覺得自己的聽力不好，對別人流利的英文談吐經常是鴨子聽雷，歸咎原因多半還是因為有些單字根本聽不懂，當然後面的談話自然也就愈聽愈迷糊了。

市面上優良的英文教學法五花八門，也都有各自不錯的立論，但無論如何，單字絕對是影響任何英文學習的最直接因素。**雖然單字不是萬能，但英文要好，少了單字就萬萬不能**

了。單字懂得愈多，自然使用起英文來就會如魚得水，左右逢源。背單字，是個不折不扣的小問題，但是背大量單字，可眞是一個如假包換的大工程。

【背單字的困境】

一般人在背單字時，最常用的方法就是慢工出細活，好像在精雕細琢一件手工藝品般。有些傳統的英文老師還會如此告誡學生：「一個單字必須忘記十遍，這個單字才算屬於你的！」以這樣的理念背單字，除了土法煉鋼抱著一本單字書猛K之外，還要有超人的毅力，當然更需要投入難以估算的時間，而且也不是這樣就能保證成功。

背單字時還有一種現象，就是我們也許可以在十分鐘內背完十個字，但是絕不可能一百分鐘連續背上一百個字，照這種速度，一年也背不完兩千個單字。主要的原因在於這種逐字背的方式，容易造成心理上的壓力，同時也會產生大量的β腦波，在此狀態下人的身心能量耗費較劇，很快就會疲倦。

而當你愈想努力背下大量單字，又害怕背東忘西，交感神經當然也會異常警戒，這時你自然就會愈背愈慢。日後可能一開始背英文單字，交感神經亢進就變成一種反射動作，無形中背單字的效果就會每下愈況，在如此環環相扣的負面影響下，英文要能學好那還眞是難上加難。

【背單字的祕訣：「速讀」、「回溯」、「刺激」】

如果能夠找出一種幫助學生在短時間內記住大量單字的方法，那麼學習者就可以在不中斷的情況下，浸潤在「舒適」的全英文環境中學習。到底有什麼萬靈丹能幫助大家輕鬆背誦大量英文單字呢？方法當然有，就是要眞正把握油漆式速記法的背誦原則。首要之務就是要營造一個絕佳的學習心態，丟掉要「記憶」的念頭，體會「忘記」的可貴，才能了解眞正在短期內背會大量單字。

「油漆式速記法」中對於單字的背誦理論，就類似現代化工廠中的一貫化作業生產線，有製造、組裝到包裝等協同處理單位，「油漆式速記法」也切割成「速讀」、「回溯」與「刺激」三環節

千萬不用拚命鑽研每個單字的不同文意，剛開始反而只要認識這個英文單字中唯一的關鍵中文詞意。當然也毋須馬上要求字母拼寫完全正確，但求做到看到這個單字，就能了解它

的中文詞意即可，這種作法就符合速讀的要領。這就好比我們想要練習跑步，只需要工廠量產的愛迪達球鞋就足夠，根本用不著義大利進口的老師傅手工慢跑鞋。再一次強調，英文只是工具，最重要就是會用，不是每個人都需要看得懂莎士比亞全集。

速讀的真正價值，就是為了大量的目的，而忽略了有些不切實際的精確要求。這也符合油漆式速記法的核心理念：永遠期待下一次的閱讀，來彌補前一次某些可容許範圍內的遺忘。

◆油漆式單字背誦技巧

【油漆式單字背誦實例】

現在請各位翻開一本專門的單字學習書，按照以下我們所提供的方法來練習。例如以下十個單字，請以每個單字一至二秒的時間，及一個單字對應一個中文詞意快速看完。

還是提醒大家，要把英文與中文當成一個**字串圖像**（請參考第四章第四節：速記單字秘訣：形音意三合一）來看，這樣的過程請重複三次（這步驟稱為「速讀」環節）。

against	[ə'gɛnst]	對著；違反
age	[edʒ]	年齡
agent	['edʒənt]	經紀人；代理商
agony	['ægənɪ]	極大的痛苦
agree	[ə'gril]	同意
ahead	[ə'hɛd]	往前
aid	[ed]	支持；幫助
AIDS	[edz]	愛滋病
aim	[em]	目的；瞄準
air-conditioned	['ɛkən'dɪʃənd]	有空調的

· 每十個單字以每字1~2秒的時間，各對應一個中文詞意快速看完。

接下來請遮住中文註解，並測驗是否記得這個單字的中文意思，思考時間在三至五秒間（這步驟為「回溯」環節）。然後逐字揭開遮住部份，看看與自己心中所背誦的詞意是否相同。（這步驟為「刺激」環節）。

against	[ə'gɛnst]
age	[edʒ]
agent	['edʒənt]
agony	['ægənɪ]
agree	[ə'gril]
ahead	[ə'hɛd]
aid	[ed]
AIDS	[edz]
aim	[em]
air-conditioned	['ɛkən'dɪʃənd]

· 遮住中文註解部份，自我測驗是否仍記得中文意思，思考時間3~5秒。

我們可以利用以上所述方法，快速背完兩百至三百個單字，這時應該就具備了初步的速讀記憶效果。之後，可將學習過程時間試著縮短，也就是調整速讀節奏，將原來重複三次減少爲兩次即可。

aircraft	['ɛr͵kræft]	航空器
airfare	['ɛr͵fɛr]	飛機票價
airline	['ɛr͵laɪn]	航線
airport	['ɛr͵port]	機場
airsick	['ɛr͵sɪk]	暈機的
airway	['ɛr͵we]	航線
alarm	[ə'lɑrm]	警報；驚慌
alas	[ə'læs]	唉；哎呀
album	['ælbəm]	相本
alert	[ə'lɝt]	警覺的

・背完200-300個單字後，就具備了初步的速讀能力。之後，可調整速讀節奏，將原來重複三次減少為兩次。

接下來還是把中文註解遮住，並逐字測驗是否記得每個單字的中文意思，思考時間縮短成二至三秒間。然後揭開遮住的部分，你會相當訝異自己雖然縮短閱讀次數與時間，但答對的正確率卻愈來愈高。

aircraft	['ɛr͵kræft]
airfare	['ɛr͵fɛr]
airline	['ɛr͵laɪn]
airport	['ɛr͵port]
airsick	['ɛr͵sɪk]
airway	['ɛr͵we]
alarm	[ə'lɑrm]
alas	[ə'læs]
album	['ælbəm]
alert	[ə'lɝt]

・遮住中文註解部分，測驗是否仍記得意思，思考時間減短為2~3秒。

以上記憶單字的過程，就是本著油漆式速記法的原理，利用手動的方式來進行。與傳統方法最大的不同點在於這個方法充分運用速讀的精神，並且讓自己同時記住單字跟詞意的速度愈來愈快。這是因爲各位速讀記憶的能力逐步增強，任何單字的記憶時間都被平均化，這時只剩下字母字數與熟悉與否的問題而已。

而且你會發現利用這種方式記憶，英文老師口中所謂的艱深單字將不再存在，因爲所有單字背誦都是透過字串圖像記憶，不是強硬死記每個字母，所以單字自然就無難易之分了。

讀者可以依照本章所講的方法來背不同的外國單字，或者甚至可嘗試「油漆式速記單字訓練系統」，讓電腦眞正成爲一位不會累的老師，教你如何輕鬆而快速的記憶單字。

◆油漆式速記單字理論

【「油漆式速記單字訓練系統」的核心構想】

當我們第一次背單字時，也像在大腦皮層上刷上第一層記憶油漆，受到多重感官擷取的訊息會進入工作記憶區，這就像是在大腦記憶區中開始登錄資料。如果第一層次有遺忘的單字，還可在刷第二層時來補強，也就是「再確認」層次。在這裡我們會建議使用「油漆式速記單字系統」中的認知性測驗與回溯性測驗切換學習，增加對單字的熟悉度。

這時的狀況有點像在記憶區中進入歸檔保存階段，具有邊記邊忘的特性，雖然記憶的本質在於不斷重複，使學習的事物印象深刻。不過**機械性重複只可使短期記憶保存一段期間，但無法真正轉入長期記憶，必須依靠更多層次切換學習**。

「油漆式速記單字系統」的第三層上漆設計，就同時包含「再確認」與「回憶」兩種層次。也就是利用聯想性測驗與多感官測驗的整合效果，讓回憶由提取與聯想力串聯的加強作用下，逐步在大腦記憶區中正式形成長期記憶。

了解「油漆式速記單字系統」的核心構想後，接下來我們將完整說明本系統中，各種多層次測驗題型的學習方法。

【第一層油漆—認知性測驗】

這層測驗的目的是要訓練使用者在看到英文單字後，就能立即認出中文詞意的能力。由於國人由英文來判斷中文比較容易，因此這層訓練是最入門與最重要的課程。

本階段速記單字量以十個字爲單位，並且以三次不定點閃字速讀練習爲限，成績設定以七十分爲標準，五百個單字爲學習範圍。請注意在速讀單字時，千萬不要回想以前讀過的單字，只要耳聽、目視，專注於眼前出現的單字即可。

按照這樣的學習速度，一小時約可學習二百至二百五十個單字，這一層記憶油漆的最佳學習

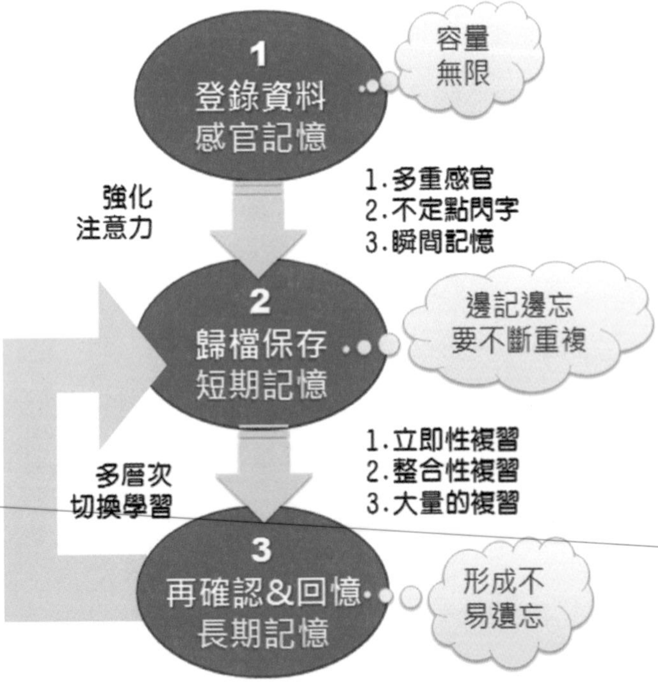

・油漆式記憶理論圖

時間不宜超過兩天，以利下一循環的練習。也就是一天至少學習二百五十個單字，而按照之前推算的學習速度，一天學習二百五十個單字，學習時間一天不會超過兩小時，就可背誦約五百字。

【第二層油漆——回溯性測驗】

這層是屬於第一層認知性測驗的逆向學習，可以反覆刺激記憶的強度，訓練能夠看到中文詞意馬上聯想到英文單字。當所要學習範圍的單字經過第一層油漆的記憶過程後，初步具備了看到英文單字，馬上可聯想到其中文的速讀記憶。

本階段的學習，仍以同一學習範圍的五百字繼續測驗，此次的速記單字量可維持十至十五個字爲速記單位。至於速讀速度則必須加快，而且縮短爲兩次不定點閃字的速讀練習，再進入測驗。這個階段的成績設定仍以七十分爲標準，學習時間同樣不超過兩天。

【第三層油漆——聯想性測驗】

這層測驗著重於大量記憶中的關聯性訓練，適用於測量概念性記憶與事實之間的相對關係。讓使用者在多組中英文單字混合出題中，能冷靜分辨出各組單字的相對意義，並開始形成一種類似條件反射的聯想能力，使短期記憶開始逐漸轉化爲長期記憶。

這個階段仍以學習十個字爲單位，速讀速度必須再加快，學習範圍仍爲五百個單字，不過必須縮短爲一次不定點閃字的速讀練習。這個階段的成績設定在八十分爲標準，學習時間設定在不超過一天。

【第四層油漆—觸覺性測驗】

這層測驗是本系統記憶單字的終極目標，也是最困難的一層，將訓練精確拼出每一個單字的能力，透過反覆測驗及答題錯誤後主動糾正的方式，讓學習者眞正熟記每個單字的拼法。當各位完成第三層油漆的學習後，以同範圍的五百字繼續本階段的拼字測驗，建議仍以十個字爲單位。

由於本測驗較爲困難，速度必須放慢爲第一層油漆相同，並經過三次不定點閃字的速讀練習才進入測驗，這個階段的成績設定在八十分爲標準，學習時間仍設定在不超過兩天。

【第五層油漆——多感官測驗】

這層測驗是屬於多感官測驗，目的訓練英語拼字與發音規則間的對應關係，讓使用者聽到單字，就立刻知道該字的中文意思及正確拼法，這是利用耳腦連結的方式來鞏固記憶。

當完成第四層油漆的學習過程後，以同範圍的五百字繼續第五階段的聽力測驗，建議以三十個字為單位，速讀速度設定則加快為與第三層油漆相同。特別是只要經過一次不定點閃字的速讀練習就可進入測驗，這個階段的成績設定在九十分為標準，學習時間仍設定在不超過一天。

經過上述一個學習循環後，每一個單字都經過了高達數十次的感官刺激，這個範圍中八、九成的字會在腦中由短期記憶眞正轉換為長期記憶。油漆式速記單字系統的最大特色就是在每個測驗環節中，處處都加上了符合油漆式記憶理論的設計，不知不覺中都在輔助單字的記憶。

但更重要的是各位一定會發現，當進入下一個範圍時，原來設定的閃字速度會愈來愈慢，學習單字的數量也可逐步增加為十五個字或更多。甚至不定點閃字的速讀練習也只要一次即可，這就是油漆式速讀能力有所提升的表現。

經由本系統訓練得愈久，速讀與速記能力就會愈強，依這樣進步的節奏，讓每個人擁有每小時速記四百至五百個單字以上的學習爆發力，不再是遙不可及的夢想。

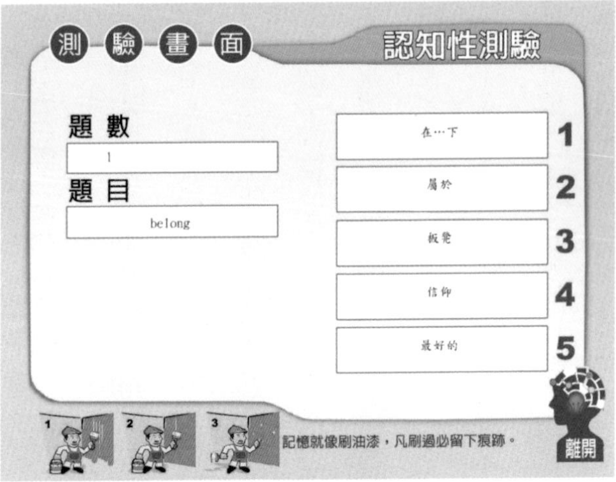

· 第一層油漆—認知性測驗

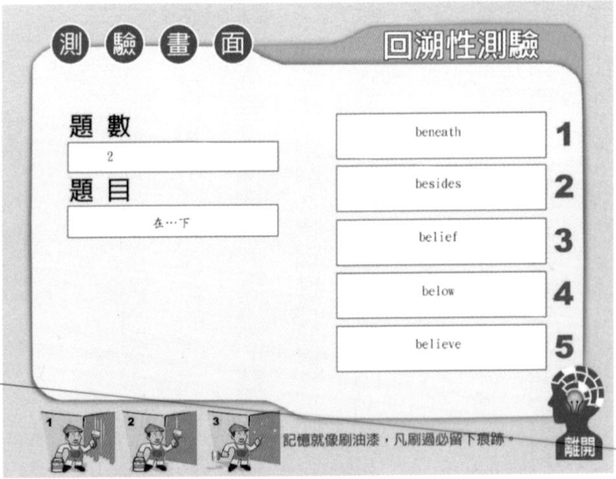

· 第二層油漆—回溯性測驗

· 第三層油漆—聯想性測驗

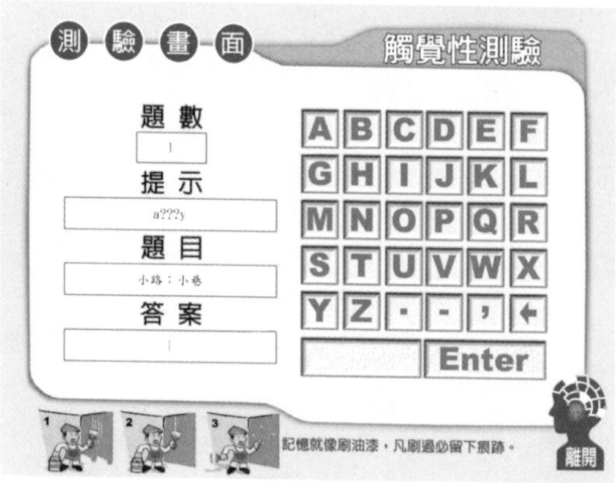

· 第四層油漆— 觸覺性測驗

· 第五層油漆—多感官測驗

Part Four

油漆式速記法——大腦鍛鍊

【第七章】

知己知彼百戰百勝

人類的頭腦就像一臺巨大的超級電腦，腦由顱骨保護，並與脊髓構成身體內的中樞神經系統。想要真正利用大腦，就必須先要對自己的腦袋構造有所瞭解才行。

大腦是人體的神經中樞，身體的一切生理活動，如臟器活動、肢體運動、感覺產生、肌體協調以及說話、識字和理性思維等等，都是由大腦來支配和指揮。大腦的記憶區與一般電腦中的記憶體完全不同，最令人不可思議的地方在腦容量永遠沒有存滿的一天。即使到了七老八十的年紀，還是可以繼續儲存新資訊，正如我們一般俗諺所說：「活到老，學到老。」

◆記憶的形成

【神經元】

人腦是由約一千億個腦神經元組合而成，它可以說是身體中最神秘的一個器官，蘊藏著靈敏而奇妙的運作機制。然而我們至今仍對這個人體最複雜的器官所知有限。**神經元會長出兩種觸手狀的組織，稱為軸突（axons）與樹突（dendrites）**。軸突是負責將訊息傳遞出去，樹突負責將訊息帶回細胞，而神經系統間的傳導就是靠著神經元之間的訊息交流所引發。神經元相互功能間每秒可完成信息傳遞和交換次數達一千億次，當位於細胞表面接收到神經傳導物質時，神經元便會產生電位來傳遞訊息。

【神經軸突】

當我們開始學習新的事物時，數以萬計的神經元就會自動組成一組經驗拼圖，當神經元發出與過去

．神經軸突連結形成記憶模式

經驗拼圖類似的訊號時，就出現了記憶模式。這些細長樹枝狀的神經元彼此間軸突就像巨大的蒲公英一樣，不斷地劈叉再分支，以此模式形成上兆個神經軸突，因其外型都十分類似而稱爲神經纖維。當神經元受到電流衝擊時，就會釋放或接收某些化學物質到軸突，藉此電化學效應來雙向傳遞訊息。

神經元的數目是與生俱來，隨著年齡增長會有所減少，而且無法再生，不過神經軸突如果遭到破壞，卻是可以再生。就像老年人或是中風者的神經元即使永遠受損，但神經軸突仍會建立其它網路，因此可以恢復部分語言或肢體的原來功能。每個人一生的經驗與學習過程，都可能改變大腦連絡結構，也就是重新設定大腦中的記憶迴路或記憶拼圖。

【記憶的形成】

事實上，**大腦生理專家認為決定智力高低的因素並非神經元的數目，反而是神經軸突所建立的迴路密度**。也就是智力高的人擁有豐富且密集的神經迴路，智力低的人的神經迴路則較爲貧乏與稀疏。

對大腦來說，在記憶新事物時，腦皮質上的神經元就會自行活絡起來，並對此做出新的反應與訊息傳遞。每一個神經元除了利用軸突把訊息傳遞到其他神經元外，還可串聯起神經傳輸的新路徑。

大腦神經元的訊息傳遞方式，如同各位在海邊所看到的浪潮般，是一個波浪接一個波浪地往附近的神經元傳遞。**當一個刺激透過眼、耳、鼻、舌等感覺器官進入大腦時，它會激發一連串的神經迴路，人類的記憶就是各種神經迴路的連接通路**。同時，它也接受從其他神經軸突所傳遞進來的訊息，讓大腦成為一個可提取與儲存訊息的高速迴路系統。

【腦內運動】

當各位用腦的機會越多，大腦神經纖維間的連結就會越濃密，活化的程度相對提高，大腦就會越健康。**越常運用大腦來閱讀或思考，其中的神經軸突連結就會越發達，大腦中資訊的連繫就會更為敏銳迅速**。這就是快速提升記憶力的主要原因，也是油漆式速記法設計上所依循大腦生理學中的核心理論。

當我們在閱讀書籍時，大腦會主動進行思考，持續地進行深層分析，相較於看電視或電影時的被動接收訊息，閱讀帶給大腦的活化程度自然較高。**記憶的形成是因為神經傳遞能力在軸突內持續增強所造成，這些神經軸突與學習、記憶、思考等有非常密切的關係**。學習次數越多，神經迴路連接速度越快，細胞網聯絡密切，相對會促進神經軸突愈加發達，訊息才能更迅速通過，也越容易形成記憶。

例如我們看地圖找路，或者是玩玩填字遊戲，都是能刺激大腦的心智有氧運動，或者偶而看看歌劇等不常看的節目，都是活化腦部神經元的方式之一。

【熱點連結】

大腦的可塑性與神經軸突行爲間是有著相當密切的動態關連，經常使用大腦，神經軸突的數量就會增多，處理資訊的速度當然會越有效率。在我們的身體內，無時無刻都有成千上萬的神經軸突不斷受到刺激，使我們可以與外界接觸與感知。

神經軸突的功用有點像是現在最熱門的無線網路中的「熱點」（hotspot），也就是一種能在公共場所提供無線上網務的連結基地台。

我們知道只要利用筆記型電腦或PDA，或利用無線上網功能，就能在會議室、走道、旅館大廳、餐廳及任何架設熱點附近的公共場所，連上網路存取資料。**無線上網的熱點愈多，可以無線上網的涵蓋區域與速度就會越廣越快**。同樣地，**當大腦中的神經軸突數量越多，構成大腦的記憶迴路越順暢，記憶力就會越強**。這就像油漆式速記法中強調的切換式迴轉速讀，當閱讀次數越多，神經迴路連接速度越強，促進神經軸突聯絡愈加發達，訊息才能更迅速通過，也越容易形成長期記憶。

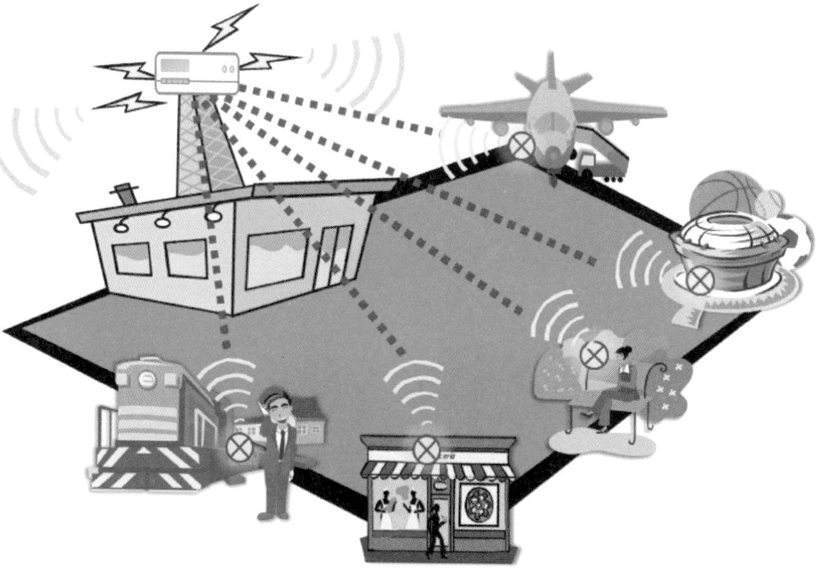

・熱點越多，上網的速度及區域就越快與越普及

◆大腦的結構

一位美國神經生理學家羅傑．斯佩里（Roger Wolcott Sperry），透過著名的割裂腦實驗，證實了人腦的「左右腦分工理論」，並因此於一九八一年獲得諾貝爾生物學獎。

一般人的大腦可以區分成左右兩側，右半球就是「右腦」，左半球就是「左腦」，左右腦平分了腦部的所有構造。大腦奇妙之處在於兩半球分工不同，而且這兩個半球是以完全不同的方式在進行思考，分別掌管不同的事情。歷史上許多著名的偉大人物，多半擁有左右腦均衡和協調發展的能力，使其能達到機能上分工合作的目的，並且從整體結構上開發大腦。

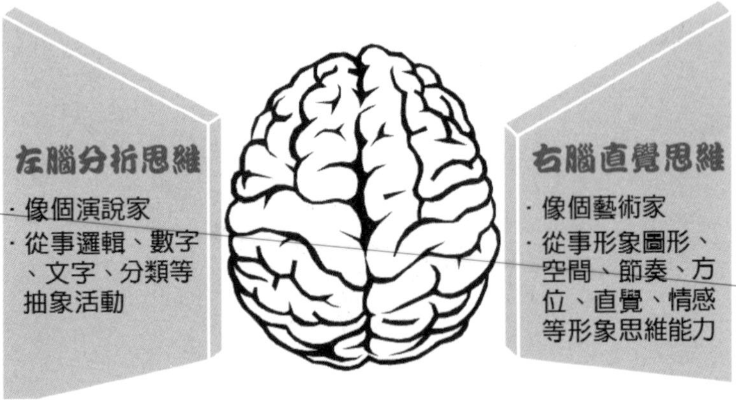
左腦分析思維
‧像個演說家
‧從事邏輯、數字、文字、分類等抽象活動
右腦直覺思維
‧像個藝術家
‧從事形象圖形、空間、節奏、方位、直覺、情感等形象思維能力

‧左右腦的特質

【左腦右腦】

左腦具有學術與語言的思維能力，爲理智的主宰，通常會發出正常人清醒時的β腦波。**左腦就像個演說家，一般人日常生活中利用最多的就是左腦，主要幫助我們從事邏輯、數字、文字、分類等抽象活動。**

至於**右腦就像個藝術家，主要從事形象圖形、空間、節奏、方位、直覺、情感等形象思維能力，是創意的泉源。**右腦在腦波的波形圖上，通常是以α腦波或θ腦波爲主，也是人類眞正潛能開發的所在，包括掌管人類的幻想與白日夢。

【胼胝體】

胼胝體（corpus callosum）是左右腦間的連結與溝通管道，能讓其中一個腦半球知道另一個腦半球正在做什麼！例如當我們看到了「熊貓」這兩個文字，並傳送到左腦而且認識它們，如果沒有胼胝體的功用，也無法讓右腦想起熊貓的模樣。左半球控制著右邊的身體，右半球控制著左邊的身體，擅長使用左手的人右腦發達，而使用右手的人則左腦發達。

通常我們做任何一項思考活動，左右腦都會同時參與，但針對不同的活動性質，左右腦的參與程度卻會有所不同。例如計算數字或投資判斷等具有連續性和分析性的工作中，左腦的使用率較高；而欣賞電影或聆聽音樂這跳躍性和直覺性時，是使用了更多的右腦。

◆圖像記憶

左腦是把外界接收到的訊息轉換成語言模式，是「線性處理」的一種，訊息逐步依照順序來處理，相當費時，屬於低速記憶，不但記得慢，暫時記住的資訊也會很快忘掉，無論如何絞盡腦汁，都有它的記憶極限。

然而人們對圖像的理解能力遠遠超過單純的文字，而右腦則具備將所見所聞的事物，全部轉化爲圖像化思考與記憶的能力。**右腦不但擁有「高速大量記憶」的機能，還有驚人的「同步處理資訊」能力，以儲存量而言，右腦幾乎是左腦的一百萬倍以上。**

右腦記憶就是圖像記憶，可將所吸收的訊息轉換成如跳躍般的圖像處理，是一種超高速記憶，具有瞬間接受大量刺激的功能。

例如我們在房間中聽到門外的腳步聲，就可以判斷是哪個人靠近，腦海裡甚至還能浮現他的臉孔長相，這就是拜右腦所賜。平常如果多使用右腦「圖像化思考」，大腦將會變得更聰明，運轉得更快捷。

右腦不但能夠發揮獨自的圖形、空間、繪畫的形象思維能力，同時還具有做為「腳本陳述者」的卓越功能。各位不妨試著回想一下，儘管是很久以前看過的國家地理雜誌節目，電視畫面中那些秀麗的山川景緻，到現在回憶起來，可能依然歷歷在目！相對的，那些當年爲了考試而死硬強記的地理課本中的複雜地形，如今恐怕早已遺忘殆盡。

影像可以加深我們的記憶，例如我們花了一個半小時就看完《哈利波特》的電影，並在腦海裡不斷浮現劇中場景。但若是閱讀原著小說，或許另有一番想像的趣味，但可能花上三天三夜也看不完！

◆全腦開發

人類多半習慣使用掌管語言、閱讀、書寫和計算的左腦來思考，因此我們的左腦愈用愈發達，而卻長期疏忽了右腦的使用。大腦專家認爲多數人終其一生約只運用了大腦的百分之三，其餘的百分之九十七都以沉睡狀態蘊藏在右腦的潛能中。

大腦所儲存的訊息絕大部分在右腦中，並在右腦中加以記憶，因此大腦潛能開發的重心，就是著重在右腦半球的開發。不過一般人的右腦幾乎長期處於壓抑的狀況下，因而日漸喪失了功能，也因此造成了左右腦平衡失調，除非靠後天努力的開發與培養，才得以將自己的潛能發揮出來。

全腦開發就是以人腦為核心的整個身心功能面開發，並集合腦神經科學、心理學、生理學共同研發的核心競爭趨勢。這同時也是一種靈活運用人類潛意識的學習方法，主要目的在於充分發揮右腦的優勢。

油漆式速記法中非常強調圖像記憶的重要，就是以圖像快照來速讀，將表面沒有任何意義的訊息，直接利用眼腦直映後的圖像來加強記憶。因為右腦具有自主性，能獨自發揮聯想力，進而衍生出意想不到的創造性圖像，達到圖像思考連結的效果。

簡單來說，如果記憶要好，右腦圖像成形能力一定要好，而**油漆式速記法就是一種相當有效的右腦有氧運動訓練**。

大多數的天才都是喜歡運用右腦的人，他們對於一個問題的思考程序，是由右腦儲存的活動圖像訊息，交由左腦進行邏輯處理。

好比牛頓看了蘋果從樹上掉下來的景像，就發明了萬有引力定律。這個過程就是由左腦一邊觀察，提取右腦所描繪的圖像，同時在左腦進行語言與邏輯化的編碼。

在日常生活中，懂得運用全腦的人，不但可以大幅提高記憶力與學習力，更重要的是能夠開啓我們潛能中的想像力與創造力。

【第八章】

養護大腦補充能量

適當為大腦補充營養、做做大腦有氧體操，擁有充足的睡眠，才能培養出高人一等的記憶力。

大腦是人類生命的中樞，需要充足而優質的能量來維持活動，其中包括了營養均衡、睡眠充足、適當運動等要素，不過許多現代人卻經常忽略了對大腦的保養。中國社會十分著重養生之道，唯獨對於大腦的保健方式似乎較少著墨。

「保養大腦不會嫌早，也永遠不嫌晚！」或許大腦的智能高低是與生俱來，然而只要注意攝取適當的養份，就能爲大腦潛能的發展達到加分效果。

油漆式速記法的健腦理論主張；如果想要讓大腦更健康強壯，不能只是針對某一方面來加強，應該從食衣住行育樂各方面，全方位地優化大腦的潛能。在此，我們提供以下奧運級的健腦配套建議，來作爲各位平日加強記憶的配套工具，讓大家在學習油漆式速記法的學習過程中能夠事半功倍。

◆大腦食補

【維生素A與視力保健】

從小就常聽長輩們說：「多吃魚，頭腦才會變聰明。」這句話還眞是一語道出了食物對於大腦的影響，爲了讓腦細胞更加活化，就必須攝取對大腦有益的食物，才能提高記憶與學習能力。

例如在使用油漆式速讀訓練期間，必須長時間閱讀大量的文字，當學習者閱讀的時間變長或者長期操作電腦時，就容易造成視網膜桿狀細胞中「視紫紅質」（rhodopsin）的消耗。**「視紫紅質」是維持視力相當重要的感光物質，能使眼睛適應光線之變化，維持在黑暗光線下的正常視力，而視紫紅質主要就是由維生素A所合成**。由於人類體內不能自行合成維生素A，只能從食物中攝取，因此平日可多食用胡蘿蔔、白菜、青椒、南瓜、魚肝油、雞蛋和奶油等食材來補充所需的營養素。

通常在我們在指導學生使用單字速記系統時，都會跟學生建議於每日起床時，不妨空腹喝杯紅蘿蔔汁，因爲紅蘿蔔中含豐富的胡蘿蔔素及維他命A，不但可以保健眼睛，並能加快大腦的新陳代謝，進而提高記憶力。

【蛋白質與智力】

蛋白質是人體中許多重要的生理作用物質，如果沒有蛋白質的參與，身體的許多機能就起不了作用。蛋白質尤其是大腦高度智力活動的營養來源，可爲大腦提供多種氨基酸。

食物中的蛋白質之所以會影響大腦運作，是因爲蛋白質提供的氨基酸會影響神經傳導物質的製造。**腦神經細胞中有約百分之三十五是蛋白質構成，多吃含蛋白質的食物，會使得神經元代謝更為活潑。**

在接受油漆式速記訓練期間，蛋白質代謝特別旺盛，適量補充蛋白質能夠使大腦精神高度集中，思緒更加清晰。爲了保證優質蛋白質的攝入，可適量選用魚蝦、瘦肉、動物肝臟、蛋和豆腐等食物，這些食物不但有助於腦神經功能的良好發育，還能增強腦血管的機能，提高記憶能力。其中鮮奶中具備蛋白質、鈣等營養，可爲大腦提供所需的多種氨基酸，而且還含有大腦發育所必需的卵磷脂，不失為良好的選擇。

早上起床時，往往是大腦最缺乏能量的時候，**因此各位一定要吃早餐。如果不吃早餐會讓記憶力變差，注意力也會不集中**。若想來份高蛋白的早餐，建議可以喝杯微甜的溫鮮奶與一份少鹽的蒸蛋，對蛋白質的補充十分有幫助。

【大腦燃料與葡萄糖】

大腦的主要燃料來自葡萄糖，人體新陳代謝中消耗葡萄糖與氧氣最多的地方就是大腦。**當大腦神經元進行活動時，需要消耗大量的葡萄糖，但由於腦部不會製造也無法儲存葡萄糖，就必須靠血液隨時補充葡萄糖**。

葡萄糖除了提供腦部所需能量，亦有助於維持腦部功能及其識別能力，這其中包括短期記憶力。因此維持正常的血糖濃度，是維持大腦機能的一個重要因素。假使血液中的葡萄糖濃度降低時，腦的耗氧量也下降，會讓人產生頭昏眼花、昏昏欲睡的狀態。

為了使大腦在一天之內得到充足的葡萄糖，需要注意每頓飯都要攝取富含葡萄糖的食品。**食物中的碳水化合物可以轉變成葡萄糖進入血液循環，碳水化合物包括了大米、麵粉、**

小米和玉米等。尤其是碳水化合物可以產生5-羥色胺，這是一種神經化學物質，會直接影響日常情緒的好壞。

比方就正常情況來說，當我們念書念得心浮氣躁時，吃一塊巧克力會讓人的心情有所改善，各位不妨試試看。此外，飯後一小時內也盡量不要進行有關學習與記憶的訓練，因爲吃飽後血液大部分集中在腸胃，使得大腦中的血糖流量減少，所以學習效果會比較不好。

【脂肪與DHA】

大腦中有將近60％的固態物質是由脂肪所構成，當脂肪代謝至最小單位即成脂肪酸，而脂肪酸又可區分爲「飽和脂肪酸」與「不飽和脂肪酸」。

穩定情緒需要某些脂肪的幫助，但太多飽和脂肪酸會引發心血管疾病，飲食中攝取過多的飽和脂肪酸會抑制大腦海馬迴中的神經營養因子（brain-derived neurotrophic factor, BDNF），BDNF對中樞神經系統的多種類型神經元的生長與連結都有重要作用。

相對於飽和脂肪酸對人體造成負面的效果，**不飽和脂肪酸是屬於健康的油脂，能提高腦細胞的活性，增強記憶力和思維能力**。

例如卵磷質是構成腦神經細胞的主要成分，能延緩大腦功能衰退，並讓血液流通順暢。含卵磷質的食物有豆類、豆類製品和蛋黃等，多吃卵磷質的食物，還可有效預防老人痴呆症。

DHA（Docosa Hexaenoic Acid）則是屬於Omega-3系列的不飽和脂肪酸，中文稱爲二十二碳六烯酸，大量存在於視網膜及大腦皮質細胞中，是神經及視網膜正常發育所需。**DHA特別是具有軟化腦神經元的功能，會增加神經軸突間的傳送與接收功能，有助於資訊傳遞的速度與吸收，更能充分地提高記憶及學習能力。**

不過人體無法自行製造DHA，必須由食物中攝取，研究顯示，大多數深海魚含有豐富的DHA，如秋刀魚、鱈魚、沙丁魚、鮪魚、鰹魚等。

◆右腦有氧體操

「食補大於藥補，科學補又大於食補！」**所謂的科學補，就是透過右腦有氧體操來開發右腦的創意力與圖像力，並創造更佳的記憶力。**

目前相當流行有氧運動，是一種以提高人體耐力素質與增強心肺功能爲目的的和緩運動，可讓身體充分利用氧氣來達到能量產生及供給，例如跑步、游泳、騎單車和跳舞等。

充份活用右腦，將潛藏在腦內未被開發的潛能發揮出來，才能在這個高度競爭的社會裡脫穎而出。爲了達到這個目的，就必須讓右腦做做有氧體操，以期激發最大化的腦力潛能。

長期養成的習慣往往是讓右腦衰退的大敵，所以即使原先習慣右手的人，試著多用左手操作，最簡單的方法是左手和左手指的運動。

因爲左半身器官的運動也會刺激右腦，像是選按滑鼠、投籃、拿筷子和打電話等。即使是小小行爲上的改變，也會讓右腦開始思考，並對大腦皮層產生良性刺激，還能強化認知銜接能力。

右腦也俗稱爲音樂腦，擁有卓越的造型能力和敏感聽覺，所以它有絕對的音感。我們可以在空閒時多聽些不同曲風音樂，便也是一種右腦有氧體操，不但有活化右腦的效果，還可以促進感性思維，激發創造力與想像力。

偶爾如果能試著欣賞不同的表演節目，或觀看平常不看的運動節目，逛逛不同風格的餐廳，勇於嘗試沒吃過的菜色等等，同樣也能活化我們的大腦潛能。**這些未知娛樂的好奇與探索，都能刺激到腦中的杏仁核與海馬迴，讓它們產生更正向的反應。**

根據最新的醫學報告指出，像是地圖尋寶遊戲、走迷宮圖、下圍棋或打電玩等心智有氧運動，都可以明顯影響到海馬迴的大小，進而加強記憶的能力。

◆充足睡眠讓大腦更SUPER

我們知道神經軸突的數目及連結速度，對記憶與學習有莫大的影響。大腦其實就像一臺超級電腦，而神經軸突就像分散全身的終端機節點，而即使是功能再強大的電腦也需要歇息。**睡眠就好像電腦每天必須的停機時間（shut down），可以讓這些之前高速運作的神經軸突得到休息的機會，並能藉此整理一些不重要的零碎記憶與修補受損的腦神經細胞**。

大腦中有一個生物時鍾，負責人體的睡眠。根據醫學統計指出，人的一天之中有兩個生理高峰期。第一個峰期約在凌晨一到兩點；第二個峰期則是在下午一到兩點順應生物時鐘適時而眠，才能讓大腦得到最佳的休息。

尤其中午時刻睡個短短的午覺，是最自然的睡眠行爲，可以大幅提升下午的學習效率。這也就是爲什麼當我們一夜好眠起來後，整個人會有煥然一新的感覺，精神充沛而且頭腦敏捷，在記憶東西的時候速度比平常快得多。

睡眠不僅有助於消除疲勞，還有利於儲存、消化新知。失眠會使頭腦不清楚也會干擾記憶，使得正向情緒與感知力變得遲頓。在節奏快速的現代生活中，由於工作量的負荷與壓力，使得很多人不得不最大幅地壓縮睡眠時間，這對於身體及工作能力其實有著十分負面的影響。

睡眠也是大腦一天中可以休息和調整的階段，不僅能保持大腦皮層細胞免於衰竭，而且腦科專家也證明在睡眠期間腦內製造蛋白質的速度遠遠高於清醒時。

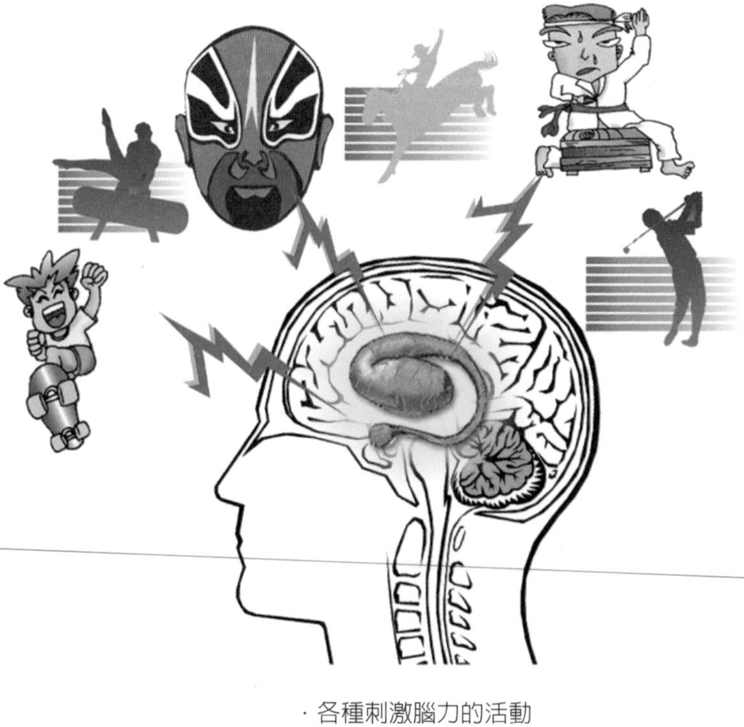

· 各種刺激腦力的活動

因此睡眠是一種養護大腦的重要、有效的途徑，尤其在使用油漆式速記法的訓練期間，千萬不要輕忽睡眠這個要素，一定要讓自己擁有充足的睡眠時間及品質。

◆運動有利記憶力

運動能增加腦力？當然可以！運動會讓神經元連結更有效率。想提升記憶力，不僅要動腦更要每天都動動身體。

適當的運動除了可以加強人體的心肺功能，以維持我們日常工作和學習所需要的精神和體力，更能夠幫助我們刺激血液循環的流通量，分泌可促使血管舒張的一氧化氮。血流量增加表示能運送越多的帶氧血紅素與葡萄糖到大腦神經元，更能因此促進大腦分泌「神經營養因子」（BDNF）。

運動還能改善情緒，並做更多的思考，尤其對腦功能的維護。即使是老年失智症、憂鬱症等現代社會的常見疾病，都可以透過培養運動習慣，而降低患病風險。

在我們使用油漆式速記系統期間，如果能特別注意保持每日運動的習慣，比如起床後去跑步或游泳，或者在黃昏時去打場籃球，藉由規律的運動，一定會加強速記練習的成效。

◆壓力是記憶的殺手

在學習任何技能與知識時，師長們總會諄諄善誘，希望我們能放鬆心情，別給自己太大的壓力。他們對我們所說的話除了心理層面的鼓勵外，其實也蘊含許多生理面的意義，特別是需要記憶的事物。因爲緊張而帶來負面的壓力或情緒時，腎上腺皮質素的分泌會增加，不但會影響血壓，也會進而影響海馬迴的神經元。

當我們感受壓力時，會分泌「可體松」（cortisol）。可體松如果過多會導致海馬迴部位的神經元死亡，並對於神經網路的連結造成破壞，以至於傷害記憶功能。如果是長期的壓力，更會導致海馬迴細胞內鈣離子濃度增加，引起海馬迴的細胞傷亡及整個海馬迴組織的容量下降，造成記憶力的大幅衰退，這也是造成老人癡呆症的原因之一。相對地，在情緒愉快的狀況下，我們的大腦會自然釋出一種名爲「恩多芬」（endorphin）的化學物質，這種物質對於腦神經元的連結有非常大的幫助。

【第九章】

認識速憶術

大哲學家柏拉圖說過：「一切知識不過是記憶而已。」

記憶是人腦對過去經驗的綜合反應，這些反應會在大腦中留下痕跡，並在一定條件下呈現出來，因爲所有的學習都是一種知識累積的過程，而知識的累積又離不開記憶這項功能。**萬物中只有人類具有過去、現在和將來的時間觀念，主要就是因為人類所擁有的記憶能力。**

記憶是種流程，掌握記憶力就等於掌握了必勝的流程，以及讓你擁有成功的技巧與秘訣。改善記憶也就改善了面對社會的思考能力，只有絕佳的記憶力才是人生中無往不利的最佳武器。

◆神奇的記憶

人腦對外界資訊的處理是將感覺器官所獲得的輸入資訊，經分析、比對、認知後，透過海馬迴，再直接送入大腦的皮質，並在此形成記憶。

記憶儲存在大腦中的模式就很像學校圖書館中的藏書規則，當下達提取的指令時，就會到相關存放的書架上尋找，找到那本書儲存的地方後，就可翻開書來閱讀。不過隨著所接收的訊息不斷地進入大腦，在海馬迴的主導下，記憶可以不斷被修改或重塑已經存在大腦的痕跡。**記憶很像建築工地用的水泥，需要一段時間才能固化變硬，成為長期記憶。**

一般來說，如果根據大腦對外界刺激所保持的時間長短來區別，記憶種類可區分為「感官記憶」、「短期記憶」與「長期記憶」三種。

【感官記憶】

一切輸入大腦記憶系統的訊息，必須先通過感覺器官（如眼睛、耳朵、舌頭、皮膚等）產生知覺，當訊息刺激停止後，這知覺仍可停留極爲短暫的時間。因此**「感官記憶」又稱為「瞬間記憶」，是以未經任何加工的型式，對外界訊息的最原始反應**，且能在瞬間儲存較大的訊息。例如視覺刺激暫留在視網膜的時間僅及數百毫秒之內而已，但若沒有進一步處理的話，就會立刻消失。

【短期記憶】

人在接受到外部刺激後，引發注意過程的學習，便成為人的短期記憶，訊息儲存的容量非常有限，也稱為「工作記憶」。如果未能及時復習，這些記住過的東西就會遺忘。但經過不斷的反覆複習與強化，就會轉存爲長期記憶，否則就會永遠消失。例如各位向查號台查完電話號碼，一旦撥打完畢後，不用一分鐘就會忘記，或者是行政助理看著初稿打報告，都是靠短期記憶的功能來進行操作。

【長期記憶】

長期記憶是能夠保持幾天到幾年的記憶，就好像是人類貯藏知識的終點站一樣，它儲存訊息的時間長，具有無限容量，無限期儲存的優點。長期記憶的訊息內容多半經過了整理與歸類，是以組織狀態被儲存起來，其中包括了事實性知識與程序性知識。

◆常見速憶術

講究一定的科學記憶方法，掌握一些行之有效的速憶術，無疑會極大地提高記憶效率與訊息貯存量，從根本上改善和提高我們的記憶力。**速憶術的基本原理就是把表面上沒有任何意義的訊息，加上相互關聯的標籤**。

例如想要記住一長串數字的方法，許多記憶大師常用的技巧，就是想像一條自己常走的路，並在這條路上的特殊點，依序擺上這些要記得數字。當要覆誦這些數字時，只要在腦海中假想正走在這條路上，就會自然而然地回想起相關的數字。這就像一位有經驗的老獵人走進陌生的森林中，一定會沿途留下特別的記號，等到回程時就可以根據這些記號，迅速找到離開森林的路。

人的記憶就像身體，越鍛練就越強壯，技巧在於如何鍛鍊與改善，記憶什麼並不重要，重要的是記憶的方法。一般常見的輔助速憶術有「聯想法」、「串連法」、「索引法」、「數字標籤法」、「位置法」、「諧音法」及其他方法。本章中將爲各位讀者介紹其中幾種較實用的速憶術。

◆聯想法

聯想是一種已存在的心理現象，就是利用原本大腦中的資料，讓許多概念和想像互相連結起來，幫助記憶新的資料。

許多記憶專家都指出，記憶主要是通過聯想才起作用，聯想過程中，其實就是一種借力使力的過程。例如當你試圖回想究竟錢包掉在哪裡時，首先會猜想自己可能把它順手放在客廳了，這個回想接著又讓你想起，當時客廳的電視裡正在播放Iphone的廣告。看到了這則廣告，你馬上想到這家電腦公司的名稱，原來剛剛一進門後，你是先跑到廚房打開冰箱，拿了顆蘋果來吃。這時你終於想起來，錢包原來是放在廚房的餐桌上了。

上述例子反映大腦事實上是記得錢包的位置，只不過需要透過幾個聯想步驟才能回想起來。簡單來說，記憶必須有一個線索，如果你要記住自己的學校，或是昨天宵夜吃些什麼，或者一首常唱歌曲的歌詞，當然可以輕鬆辦到。因爲有了聯想的線索，很容易就能抓住一個記憶到下一個記憶的邏輯指紋。

聯想法有相當多種應用，能夠借用舊有的記憶來增進新記憶的學習速度，都算是聯想法的一種。其中以故事的劇情來勾串彼此關連的資料，是最普遍的一種聯想方式。如果能把故事畫面以視覺化效果呈現，就更能強化記憶的強度。

這個道理跟看電影的原理相同，若能將原本以文字記憶的資料，透過自己的理解度來盡可能影像化，這件事情就能記得更長久。以下這個簡單的例子，是希望各位嘗試利用故事聯想技巧，背誦出下表中這十個沒有相關的名詞：

1	熊貓
2	高鐵
3	電腦
4	總統
5	餅乾
6	學校
7	太陽
8	炸雞
9	美國
10	警察

我們可以編排類似以下的腳本，輔助記下這些名詞：

大陸來的兩隻**熊貓**，搭乘**高鐵**來到了台北，經過光華商場看到了很多**電腦**，路上又遇到了**總統**的車隊，丟了很多**餅乾**給他們吃。

在一所**學校**門口停下來，發現**太陽**又大又熱，旁邊有家肯德基**炸雞**，裡面有很多**美國**來的產品，連路邊的**警察**都進去買。

如果加上其他感官的連結，例如想像坐在高鐵上的速度感、太陽底下汗流浹背的窘樣，

· 將虛擬有趣的故事腳本，運用聯想力轉換成圖像式的故事情節，有助於快速記住要背誦的關鍵名詞。

還有肯德基雞腿堡的香酥可口，一定能讓自己的印象更加深刻，將這十個名詞倒背如流必定不是什麼難事！

◆串連法

還有一種串連法，也是屬於聯想法的一種，是將前後要記的事項加以串連，原則也是將各個項目圖像化，但不需要創造一個故事，只需注意前後資料間的關聯即可。如果只是一般平凡無奇的影像，對大腦的刺激是有限的，越是誇張、荒謬的內容，越能讓人記得長久。

以下這個簡單的例子，說明可以如何利用串連法技巧，背誦以下七個完全沒有相關的名詞：

1	2	3	4	5	6	7
小偷	瓢蟲	三明治	鯨魚	足球	帆船	太陽

首先請把握資料前後之間的關係，如果要創造出突發奇想的效果，構圖時就要盡量構思出豐富多樣的場景，並且越誇張離奇越好。請看以下的建議與說明。

三明治	瓢蟲	小偷
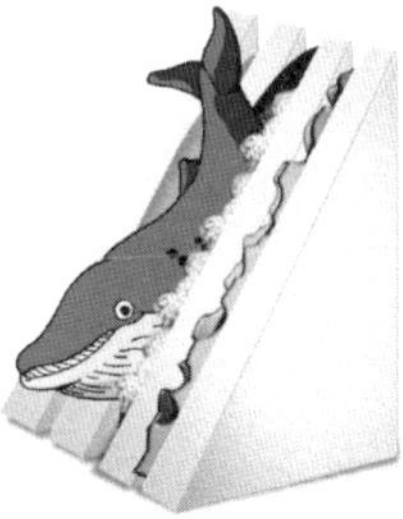		
超級巨大的三明治中，包著一條大鯨魚當肉餡，看來這是準備給巨人吃的三明治。	一隻紅通通的瓢蟲跑到廚房裡，津津有味地偷吃著桌上的三明治。	可以想像一個賊頭賊腦的小偷，雙手高舉搜括來的財物，騎著一隻大瓢蟲當作交通工具，公然在街道上呼嘯而過。

帆船	足球	鯨魚

一艘有著翅膀的帆船，正快速地向飛向太陽公公，連太陽公公也露出驚訝的表情。	有著熊熊火燄的足球，像飛彈一樣炸向藍藍大海中的小帆船。	一隻呲牙咧嘴的鯨魚，像足球金童貝克漢似地活蹦亂跳，認眞踢起足球參加比賽。

◆房間定位記憶法

古希臘人認爲提高記憶力的方法相當簡單，只要充分利用想像力，將你打算記住的某件東西和你已知的固定東西聯繫在一起即可。最經典的例子就是大約在西元一世紀左右，希臘大詩人西蒙尼提斯驚人記憶的故事。

據說當時西蒙尼提斯應邀到一處豪華的大宴會廳中朗誦詩詞，在座人士官蓋雲集，彼此間更興高采烈地談天說地。當他正盡情地表演到一半時，侍者前來通知門外有人因急事找他，他只好暫停表演，到外頭會見那名來客。說時遲，那時快，正當他出去沒多久，整座宴會廳的屋頂如天崩地裂般地塌了下來，當時在裡面的賓客全被壓的面目全非，無一倖免。

這下可糟了，當時還沒有驗DNA的生物科技，幾百具血肉模糊的身體，也不知道要如何辨識身分，好讓家屬領回遺體。當時的行政官員連忙找來了唯一的生還者西蒙尼提斯，希望他能想想辦法，看看能否至少記得某部分的人。只見西蒙尼提斯不慌不忙地掃視已成斷垣殘壁的大廳，便不疾不許地說出了數百人的特徵、穿著及所在位置。

事實上，這就是利用一種空間定址掛勾的方式來幫助記憶。因爲西蒙尼提斯在表演時，十分用心地觀察著在現場的每個觀眾，而且同時配合了他們所在的方位。這種方式就是有名的「房間定位記憶法」。

這個方法的基本原理就是利用你心中想像的房間，來做爲記憶資料的檔案櫃。就像西蒙尼提斯把賓客的名字和他們的相關位置串連一樣，這就成爲一個聯想的橋段。

例如拿串連法的例子，來把這些東西放在房間中：

1	2	3	4	5	6	7
小偷	瓢蟲	三明治	鯨魚	足球	帆船	太陽

首先，在你心中的房間中，找出七樣東西來。從大門口，依著順時鐘方法來回想。當我們走入房中，就是從大門進去，接著就看到了一個精緻的歐式沙發，緊接著就是靠牆的一個雜物櫃。下一個角落就是一臺電視，電視旁邊有個可愛的鬧鐘，接著會看到一面很大的鏡子，鏡子過來靠近走道的地方有一張餐桌。

這個房間中每個家具擺設都有特定結構，當我走進房間，小偷就在大門的位置，小沙發上有隻瓢蟲，順時針走去，可得以下編號結果：

編號	物品	位置
1	小偷	大門
2	瓢蟲	沙發
3	三明治	雜物櫃
4	鯨魚	電視
5	足球	鬧鐘
6	帆船	鏡子
7	太陽	餐桌

如下圖所示：

．「房間定位記憶法」範例圖示

這個房間中的構造，就成爲我們腦海中想像的圖案位置聯想，以下聯想可作爲讀者的參考：

首先想到的是小偷正鬼鬼祟祟地撬開大門的鎖；第二是一隻籃球大的血紅色瓢蟲躺在沙發上休息，它幾隻細長的腳還動來動去。第三則是一塊看來令人垂涎欲滴的三明治被放在雜物櫃上，上面還環繞著好幾隻聞香而來的蒼蠅。第四，電視畫面中出現了一隻巨大的鯨魚，在海洋中掀起了滔天巨浪，那種壯觀的景像眞是教人嘆爲觀止。

第五想到的是一顆很大的足球，竟然不偏不倚地放在鬧鐘上，還能慢慢地自行轉動，說也奇怪它竟然不會掉下來。然後往鏡子裡面看去，好像有一個鏡中的虛幻世界般，看到一艘好像中古世紀的海盜帆船，帆船上載著一些有著奇怪長相的水手。第七則是看到桌上放了一堆臺中名產太陽餅，這餅因爲長的像黃澄澄的圓太陽而得名，不過這些太陽餅似乎是特大號的，讓人看了忍不住要大快朵頤。

當讀者依照上述的建議，隨著這房間中的布置來聯想，相信很快就能記下這七筆資料。當然也可以利用這種方法來記憶任何一連串的資料，甚至跟串連法最大不同之處是，「房間定位記憶法」還可以倒過來背，或者抽背出其中一筆資料。

這裡雖是以房間爲例，但只要使用者多加創意，也可以利用各種物體結構記憶事情，比方身體、教室、大廈、車子和車庫等，都可以成爲我們記憶的分類檔案櫃。

就拿身體法來說，原理跟房間法是類似的，它同樣可以用來記一些其他重要的資料。只是場景利用身體的不同器官部位來記憶，如腳上載電腦，膝蓋上掛風鈴等。

·「身體定位記憶法」範例圖示

◆字根字首字尾法

到目前爲止，對於增進背誦英文單字效果，最讓人津津樂道的方法就是「字根字首字尾法」。所謂「字根字首字尾法」，就是由字形的分析，去歸類出一些英文單字間的重要連結。

好比字首circum有「環繞、周圍」的意思，像是單字中有這字首的單字，如circumnavigate（環繞世界）、circumference（圓周）就是具有相關意義的字群。嚴格來說，其他像circumscribe（限制）、circumspect（愼重的）、circumvent（勝過）等單字，仔細推敲下，仍有點「環繞、周圍」的衍生含義。

以下列舉一些常用的英文字根、字首與字尾與相關單字供讀者們參考：

「字根字首字尾法」和漢字中的部首所代表的意義有點相似。由於它們是構成英文單字的基本元素，事先瞭解和記住這些元素，對於記住這個單字的意義，自然會有一定的幫助。

不過可惜之處，就在「字根字首字尾法」的詞意表達完備性不足。打個比方來說，像是abbey這個字，中文意義是小的修道院。但是有ab當字首的單字，表面看來應該是有分離、反感的含義，但事實卻是風馬牛不相及。

此外，還有一個問題，就是即使知道了每一個字根字首字尾的含義，但對於許多相似意義的英文單字，仍舊會讓人混淆不清。例如字根mise就是有「移走、更動的意味」意義，但對於demis（傳位）與remise（讓渡），單憑字根字首字尾法，如果要能精確了解詞義，還是得花一些功夫去記憶。

無論如何，「字根字首字尾法」對於英文單字的記憶還是有某些聯想功能的輔助效果，我們在本書的附錄整理了一份了七十五個常用字首字根字尾表，提供大家參考了解與背誦。

■ **anthrop 表示「人類」的意思：**	
anthropology	人類學
anthropophagi	食人族
anthropotomy	人體解剖學

■ **mono 就是「單獨的、唯一的」：**	
monochromatic	單色的
monocle	單眼鏡
monogamy	一夫一妻制

■ **neo 表示「新」的意思：**	
neoteric	近代的
neonate	初生嬰兒
neophyte	初學者，新信徒

■ **ism 表示「主義、論說、作用」：**	
despotism	專制
dogmatism	教條主義
neutralism	中立主義者

■ ab「分離，反感」的意味：	
aberrant	離正軌的
abdicate	放棄王位
abhorrent	非常討厭的

■ gen 代表「產生」、「發生」的意思：	
congenial	意氣相投的
generate	產生
genital	生殖的

■ derm 表示「皮膚」的意思：	
dermatitis	皮膚炎
hypoderma	皮下注射
pachydermatous	厚皮的

■ tele 表示遠的，電訊上的：	
telegram	電報
telepathy	心電感應
telecscope	望遠鏡

■ ee 表示「行動接受人」：	
debtee	債權人
guarantee	保證人
nominee	被提名的人

■ bio 有「生機、生命」的意思：	
antibiotic	抗生素
biochemistry	生物化學
biosphere	生物圈

■ di 表示「兩個、一雙」的意思：	
dilemma	進退兩難
dioxide	二氧化物
diphthong	雙母音

■ re「重複，重新來」的意思：	
reclaim	要求歸還
reconcile	和解
recover	恢復

附錄

【附錄二】

常用字首、字根與字尾學習表

本附錄中，我們統計了七十五個最常用字首、字根、字尾與相關單字參考表，希望讀者能作爲輔助之用。

anthrop 表示「人類」的意思	
anthropoid	似人類的
anthropology	人類學
anthropophagi	食人族
misanthrope	厭世者
philanthropist	慈善家

audi 有「聽」的意涵	
audible	可聽得見的
audience	聽眾
audition	聽力
auditorium	禮堂
audiophile	身歷聲愛好者

man 使用「手」來做	
manacle	手銬
maneuver	演習
manufacture	製造
manuscript	手稿
manus	解剖手

neo 表示「新」的意思	
neolithic	新石器時代的
neologism	使用新語
neoteric	近代的
neonate	初生嬰兒
neophyte	初學者 新信徒

mis、mise、mit 有移走、更動的意味	
demise	傳位
remise	讓渡
remission	免除
commit	交付
transmit	傳送

omni 全部的、所有的	
omnifarious	各色各樣的
omnipotent	全能的
omnipresent	無所不在的
omnivorous	無所不吃的
omniscient	全知的

mono 就是單獨的、唯一的	
monarch	君主
monochromatic	單色的
monocle	單眼鏡
monogamy	一夫一妻制
monotheism	一神論

inter 在...之間、彼此	
interact	交互作用
intercede	調停
interchange	交換
intermediate	中間的
intermezzo	插曲

multi 有「多」的含意	
multicellular	多細胞的
multifarious	多方面的
multilateral	多邊的
multiply	增多
multiped	多足動物

heter 表示不同的	
heteroclite	不規則的
heterodox	非正統的
heterogeneous	異性的
heteronym	同併法異音義字

homo 有相同之意味	
homocentric	同一中心的
homogeneous	同質的
homologous	對應的
homonym	同音異義字

hyper 超過或過多	
hypercritical	吹毛求疵的
hypersonic	超音速的
hypertension	高血壓
hypertrophy	營養過度
hyperbole	誇張法

ism 表示主義、論說、作用	
altruism	利他主義
anabolism	同化作用
despotism	專制
dogmatism	教條主義
neutralism	中立主義者

jud、jur、just 法律、公正、判決	
abjure	發誓放棄
judicial	公正的
judiciary	法官集合
justice	公正
justify	證明爲眞

log、logy、logue 學科、學術	
analogue	類似
axiology	價值論
astrology	占星學
seismology	地震學
teleology	目的論

ad 朝向，接近，使合適	
adapt	改編
adit	入口
adequate	妥當的
adjoin	臨近
adjust	調整

ali 別的，另外的	
alias	別名
alienate	疏遠
alibi	不在場證明
alien	外國人
alimony	離婚贍養費
aliquant	不能整除的

ambi 兩種的，周圍的	
ambidextrous	兩手俱熟練的
ambiguous	有兩種意義的
ambiance	特有的環境格調
ambit	領域
ambition	野心

in 在…內，非	
inaccurate	不正確的
inaudible	聽不見的
intrude	塞入
include	包含
inhale	吸入

ab 分離，反感的意味	
abase	貶抑
aberrant	離正軌的
abdicate	放棄王位
abhorrent	非常討厭的
abstention	棄權

ac 酸的，態度刻薄的	
acerbity	尖酸的言語
acetic	酸的
acetose	醋酸的
ache	酸痛
accuse	責備

bi 雙重的	
bicameral	二院制的
bicuspid	有兩尖頭的
bigamy	重婚
bilingual	雙語的
bisect	一切為二

an 沒有，缺乏	
anachronism	時代錯誤
analgesia	無痛覺
anarchy	無政府
anemia	貧血
anonymous	匿名的

by 次要的，在旁的，已過去的	
byproduct	副產品
bystander	旁觀者
bygone	過去的
byplot	次要情節
byelection	補選

ante 在…之前	
antediluvian	上古的
anterior	較早的
antenuptial	婚前的
antenatal	出生前的
anteroom	接待室

cent 一百的	
century	一世紀
centennial	百年紀念
centipede	蜈蚣
centenarian	百歲以上的人
centuple	百倍

auto 自行的，自己的	
autocracy	獨裁體制
autobiography	自傳
automobile	自動車輛
autocrat	獨裁君主
autograph	親筆簽名

ple、plen、plet 表示充滿	
replenish	再裝滿
replete	充滿的
plenipotentiary	有全權的
plethora	過多
plenitude	充足

circum 環繞的，周圍的	
circumscribe	限制
circumference	圓周
circumfuse	圍繞
circumnavigate	環航世界
circumstantiate	詳細說明

post 在…後	
posterior	在後的
posterity	後裔
posthumous	死後出版的
postmeridian	午後的
postnatal	出生後的

ory 物，場所，地方	
accessory	附屬品
laboratory	實驗室
lavatory	盥洗室
dormitory	宿舍
manufactory	工廠

extra 額外的，在外的	
extracurricular	課外的
extramundane	超越的
extravert	個性外向的人
extraordinary	非常的
extravagant	浪費的

per 穿透，完全的，普遍的	
percolate	過濾
perennial	四季不斷的
permanent	永久的
perspicuous	明白的
pervious	可通過的

retro 同溯，倒退，回後的意思	
retrospect	反顧
retrovert	向後彎曲
retrocede	歸還
retrogress	倒退
retroact	反動

semi 一半的，半部的	
semiannual	每半年的
semicircle	半圓
semiconscious	半意識的
semifinal	準決賽
semiofficial	半官方的

stat 表示「固定的」	
estate	不動產
static	靜態的
stationary	不動的
stature	身材
statuary	雕像的

fid 表示信任	
affidavit	宣誓書
confide	信任
diffidence	缺乏自信
fidelity	忠心
perfidious	不忠實的

for 表示禁止，離去	
forbid	禁止
forfeit	喪失
forget	忘記
forgive	原諒
forswear	誓絕

gen 代表「產生」「發生」的意思	
abiogenesis	自然發生
generate	產生
genital	生殖的
ingenious	有發明才能的
indigenous	土產的

super 超過，在…之上的	
supercilious	傲慢的
supereminent	出類拔萃的
superfluous	多餘的
superintend	監督
supernal	天上的

tele 表遠的，電訊上的	
telecast	電視廣播
telegram	電報
telepathy	心電感應
telescope	望遠鏡

tran，tra 橫貫的，轉移的，超越的	
trace	足跡
trail	拖拉
transcend	超越
transfer	移動
transverse	橫的

cosm 有「宇宙」，「世界」的意味	
cosmic	宇宙的
cosmism	宇宙論
cosmology	世界論
cosmonaut	太空人
cosmopolis	國際都市

de有減去，往下的含意	
debase	貶低
demote	降職
depreciate	使貶值
descend	降下
deduct	扣除

derm 表示「皮膚」的意思	
derma	眞皮
dermatitis	皮膚炎
hypoderma	皮下注射
pachydermatous	厚皮的

eu 好的	
eugenics	優生學
eulogize	稱讚
euphonious	悅耳
euthanasia	安樂死
eupepsia	消化良好

uni 單一的，唯一的	
unicorn	獨角獸
unify	統一
unilateral	單方的
unipolar	單極的
unity	單一

ex 向外的	
exclude	排除
exotic	外國來的
expel	驅逐
extricate	解脫
extradite	引渡

ee 表示「行動接受人」	
addressee	收信人
guarantee	保證人
nominee	被提名的人
referee	裁判員
refugee	難民

bio 有生機，生命的意思	
abiochemistry	無機化學
antibiotic	抗生素
biochemistry	生物化學
biosphere	生物圈
symbiotic	共生的

equ，qu 使同等，使平等	
adequate	足夠的
equalize	使平等
equanimity	平靜
equinox	春分，秋分
equivocal	模稜兩可的

pre 表示「在…之前」	
preamble	前文
precaution	預防
precocious	早熟的
precursor	先驅
presume	推測

dic，dict 有說，宣佈的意思	
abdicate	宣佈放棄
dictate	口授
edict	佈告
predicable	可斷言的
vindicate	辯護

press 表示壓擠，表達的含意	
impress	印象
oppress	壓迫
suppress	鎮壓
depression	經濟蕭條
repress	抑制

dom 地位，領域，狀態	
boredom	無聊
domain	領土
domestic	國內的
dominate	支配
dominion	主權
wisdom	智慧

pro 在…之前，居先，代理	
profession	職業
proficient	精通的
prophesy	預言
prophylaxis	疾病預防法
provident	有先見之明的

di 表示「兩」、「雙」的意思	
dicephalous	有兩頭的
dichotomize	對分
dilemma	進退兩難
dioxide	二氧化物
diphthong	雙母音

contra，counter 反對，相對的意思	
contraband	違禁的
contraception	避孕的
contradict	反駁
controversy	爭論
countervail	抵消

aer，air 與「空氣」有關的事物	
aerogram	航空信
aerosphere	大氣層
aerial	在空中的
airborne	空運的
airproof	密不通風的

re 重覆，重新的意思	
reciprocate	回報
reclaim	要求歸還
reconcile	和解
recover	恢復
recur	重現

cre 成長，增加，漸增	
accretion	增大
increment	增量
secrete	分泌
crescendo	音樂之漸強
crest	峰頂

cred 相信，信任	
accredit	信賴
credence	相信
credo	信條
credulity	輕信
creditor	債權人
creed	信條

anim 表示氣息，心智層面的意味	
animality	獸性
animosity	憎惡
magnanimous	心地高潔的
pusillanimous	膽怯的
unanimity	意見一致

agr 表示田地，農地，土地的	
agrarian	土地的
agrestic	鄉土的
agronomist	農學家
agrotype	土壤類型
agriculture	農業
agronomy	農藝學

ama，ami，amo 友善的，愛慕的	
amiable	和藹可親的
enamor	使傾心
paramour	情夫
amigo	朋友
amorous	多情的

alter 表示別的，更動的	
alter	變更
alterant	改變的
alternate	交互
alterability	可變性
alterable	可改寫的

arche，archa 古老的，主要的	
archaeology	考古學
archaic	古老的
archangel	天使長
archbishop	總主教
archenemy	大敵

aster，ast 暗含，「星」，「災難」的意思	
asterisk	星標
asteroid	小行星
astrology	占星術
catastrophe	災難
disastrous	災害的

bel，bell 戰亂，對抗的意思	
antebellum	戰前的
belabor	毆打
beleaguer	圍攻
bellicose	好爭吵的
belligerent	交戰

ann，enn 含有「年」的意思	
anniversary	週年
annual	一年一度的
biannual	一年兩次的
biennial	兩年一次的
perannum	每年
millennial	一千年的
superannuated	陳年累月的

ant，anti 反對，抵抗，厭惡	
antibody	抗體
antidote	解毒劑
antifebrile	解熱的
antipathy	嫌惡
recalcitrant	反抗的

acro 最高，尖頂	
acrobat	高空表演者
acrobatics	特技
acrogen	頂生植物
acronym	頭字語
acrophobia	懼高症

bene，bon 好，利益，親善	
benediction	祝福
beneficiary	受益人
beneficent	親切的
bona fide	善意的
bonny	漂亮的

act，ag 從事，行動，做	
agenda	議程
agitate	鼓動
coact	共同行動
exact	實施
counteract	抵抗

acu，acr，aci 銳利，尖酸，辛酸	
acidulous	帶酸味的
acrid	刻薄的
acrimonious	辛辣的
acumen	心智敏銳
acupuncture	針灸

【附錄二】油漆式速記法2.0光碟試用版安裝與簡介

首先取出本書所免費附送的光碟，放置光碟機，就會自行啓動安裝程式。

但是，如果您的光碟機無法自動執行，則請點選光碟片中的「InstallNSIS.exe」程式，接著就會出現如下的安裝畫面：

步驟 1

· 請在上圖中移動滑鼠，直接按下「啓動油漆式速記訓練系統」，會出現步驟 2 的畫面，告知使用者正在載入安裝程式：

步驟 2

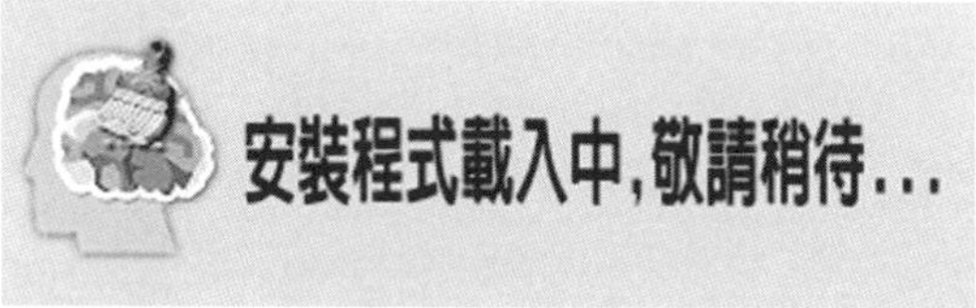

・請您稍候一下，當安裝程式載入完畢後，就會進入安裝精靈，各位只要跟著步驟的指示，就可以順利完成「油漆式速記法2.0試用版軟體」的安裝。底下則為完整的安裝過程：

步驟 3

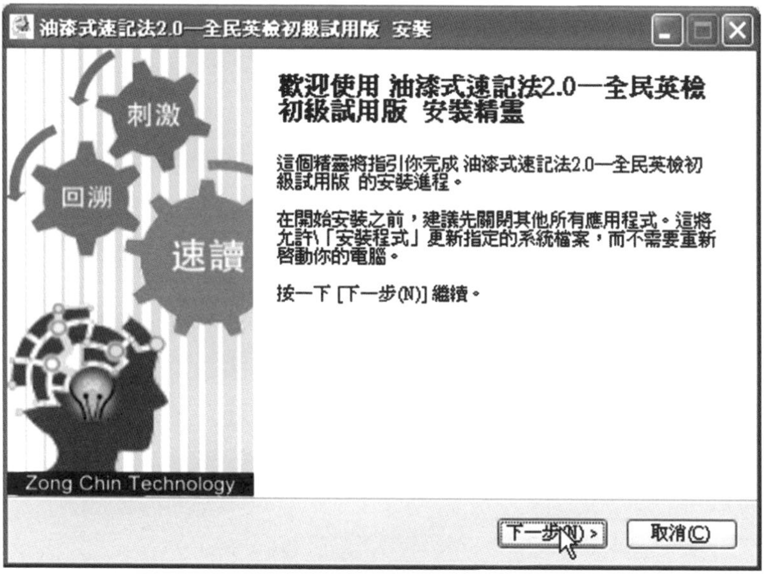

・請直接按「下一步」鈕，進入授權協議視窗：

步驟 4

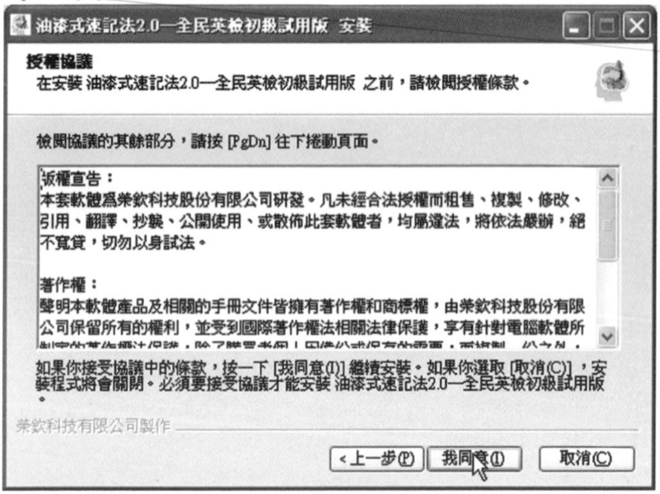

· 讀取完版權宣告後，按下「我同意」鈕，進入「選取安裝位置」視窗：

步驟 5

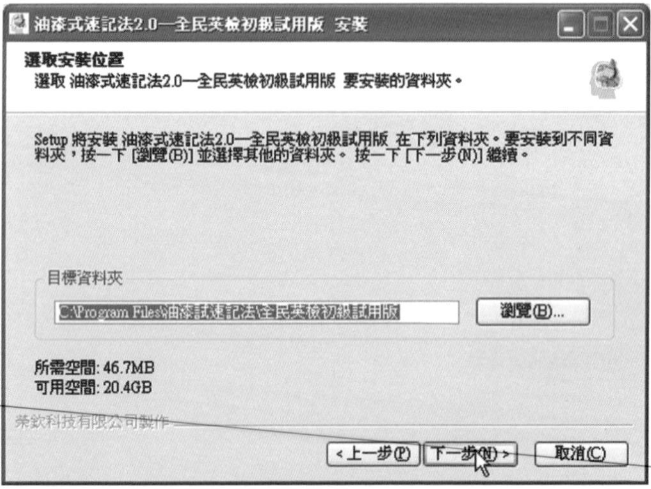

· 如果想自行決定安裝的位置，則以「瀏覽」鈕選取要安裝的路徑位置，如果要以系統建議預設的目標資料夾，則直接按下「下一步」鈕選擇「開始功能表」資料夾：

步驟 6

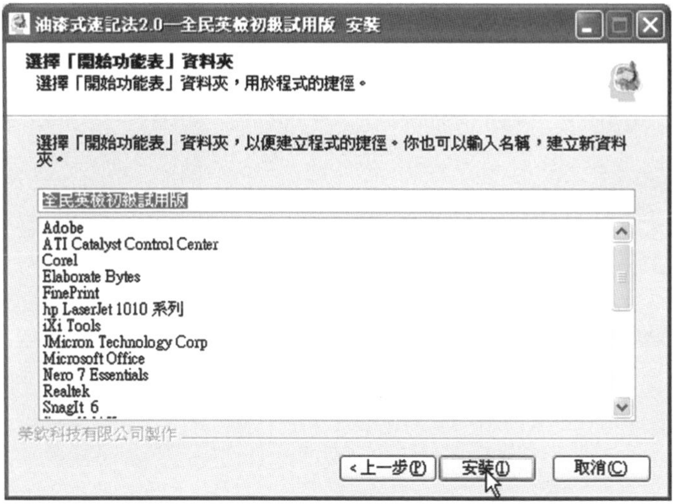

・確定後，再按下「安裝」鈕就會進入下圖的安裝過程：

步驟 7

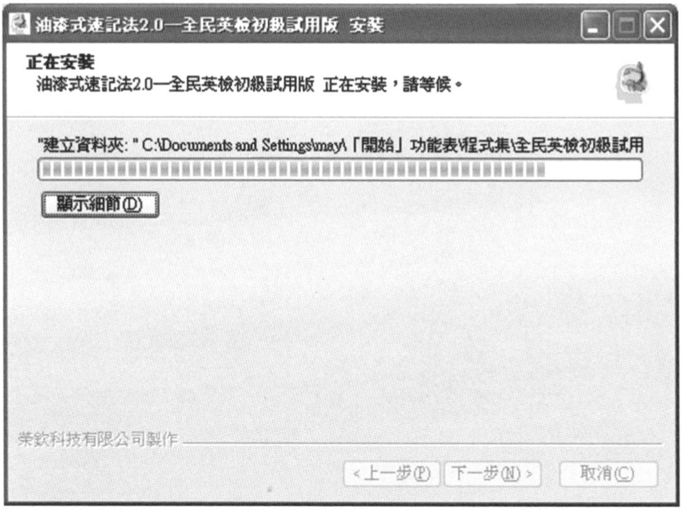

・檔案複製完成後，會進入最後一個視窗，只要按下「完成」鈕就完成程式的安裝過程。

步驟 8

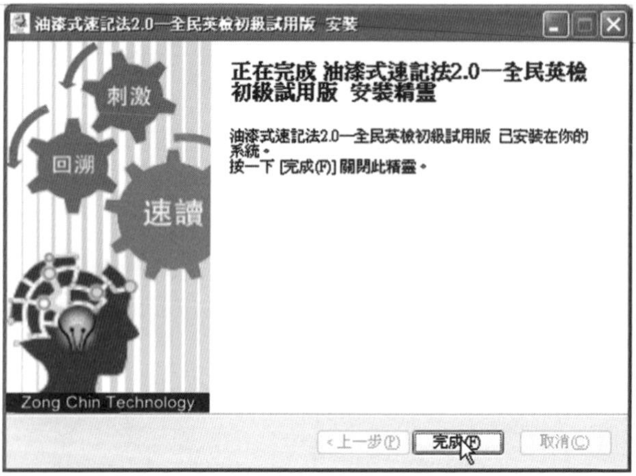

・安裝完畢後，就會在Windows桌面會產生「全民英檢試用版」的捷徑，接著直接按下滑鼠兩下就可以執行試用版軟體。下圖則為油漆式速記法2.0全民英檢初級試用版的主畫面：

安裝完成

・其中「速記教室」包括了種測驗，分別設計了以下五種不同測驗目的程式：

啟動

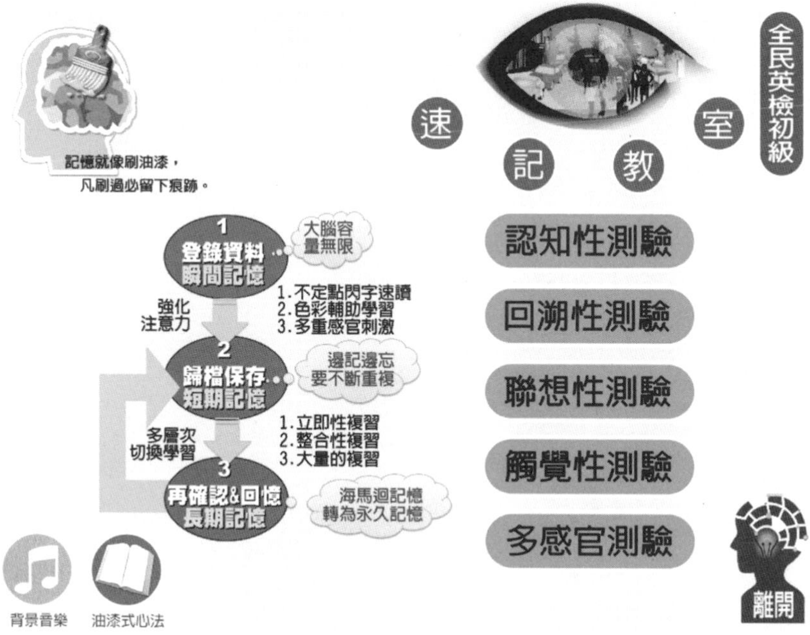

· 除了上述五項核心課程外，還有許多實用的設計，對加速記憶及鞏固記憶有很大的幫助，分別說明如下：

位置設定

除了不定點閃字外，還包括定點閃字、左右閃字及上下閃字三種方式，這些方式也有助於注意力集中，並讓不同作用的眼肌，得到適度的運動，使眼球轉動靈活度大幅提升。

字體大小設定

爲了強化單字在速讀過程中突顯其影像，本套系統中，還可以針對字體大小進行設定，預設字體大小爲16級字，設定範圍爲9級字到32級字。另外，也可以設定逐字放大，強化眼球視幅擴大訓練，讓視覺反應更加靈敏。

中文／音標設定

如果音標基礎較弱者，可以設定速讀過程同步顯示音標。但如果要訓練心像能力，只要設定不顯示中文，就可以在速讀過程中，運用聯想力的各種技巧，快速在心中產生英文與中文的連結。

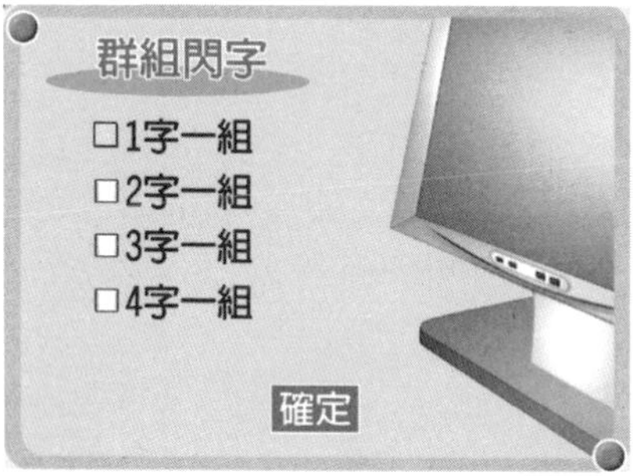

群組設定

當一次閃一字的速度提升到一定程度後，爲了擴大單位時間內速讀的單字量，還可以透過群組設定，讓原先一個畫面閃一字，逐步改變成一次一個畫面閃二字、三字或四字的面積式速讀，面積式速讀是一種文字方塊圖像化的進階訓練。

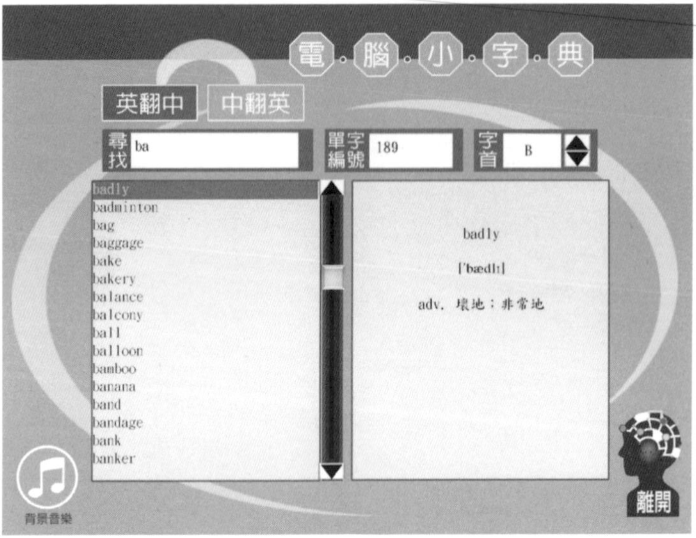

電腦小字典

提供英文及中文輸入的查詢方式，也能依字母A-Z快速找到該字母開頭的所有字，甚至提供英文單字序號的輸入查詢。

當各位依據本書所闡述的理論，經過本系統訓練時間越久，速讀與速記能力越強，依這樣進步的節奏，每個人每小時速記400-500單字絕對指日可待。

心得紀錄

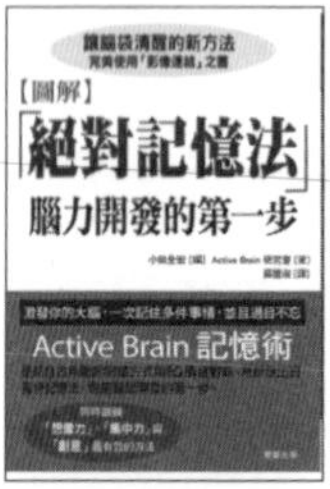

Guide Book 325

《[圖解]絕對記憶法》

小田宏全編　Active Brain 研究會著　蘇盟淑譯　定價199元

激發你的大腦，一次記住多件事情，並且過目不忘！

結合古希臘的記憶方法與EQ情緒智商，由Active Brain研究會所研發出的記憶術。開法腦部的第一步，鍛鍊「想像力」、「集中力」與「創意」最有效的方法。

Guide Book 324

《超快速讀書法》

宇都出雅巳著　蕭雲菁譯　定價199元

高速大量迴轉法的技巧：在有限的時間裡，大量閱讀並記憶。

只要短短五分鐘，增加你的K書速度，提高集中力與學習品質！只要快速閱讀，大量迴轉，就能自然學會，提升你的專業技術。

Guide Book 323

《[圖解]10倍速影像閱讀法》

Photo Reading Official Instructors◎著　神田昌典◎ 修　李毓昭◎譯　定價199元

五大步驟教你學會影像閱讀

60頁／分，再也不是遙不可及的夢想！

本書以五大步驟——「準備、預習、影像閱讀、活化與高速閱讀」，循序漸進地教你如何學習影像閱讀。簡單易懂的圖片解說，讓你輕鬆閱讀、發掘自己的新才能。

Guide Book 322

《最厲害的圖解速讀術》

齊藤英治◎著　李毓昭◎譯　定價200元

金氏記錄的「貝格速讀法」＋「齊藤式速讀法」＝最厲害的圖解速讀術

本書採用「金氏記錄」速讀紀錄保持人——哈渥德・貝格的速讀法，加上筆者獨創的「齊藤式速讀術」，並以圖解說明技巧與步驟，讓您的學習更加迅速、有效！

Guide Book 321

《心智圖練習簿》

片岡俊行◎著　蕭雲菁◎譯　定價199元

讓您依初級→中級→高級，依序學會閱讀及描繪心智圖

本書爲心智圖的練習簿，從最基礎的初級內容，逐步地帶領讀者閱讀、繪製心智圖，並進一步地應用於職場工作。讓所有看不懂心智圖的人，只要完整看完並練習完本書，就能成爲心智圖高手。

Guide Book 320

《心智圖筆記術》

William Reed◎著　蕭雲菁◎譯　定價250元

將思考、資訊、印象，以關鍵字和圖畫整理成放射狀的筆記

全球已有130個國家及2,000家以上的知名企業，如：微軟、3M、花旗集團、可口可樂……等，均已採用心智圖筆記術訓練員工。

Guide Book 319

《喬治速讀記憶法》

喬治·斯坦格利夫、董麗燕◎合著　定價250元

劍橋大學與哈佛大學推薦的閱讀法

本書提供300多個快速記憶練習，由淺而深、步驟簡單，且充滿趣味性。不僅可以全面地提升你的理解力、注意力、記憶力，還可以幫助你迅速克服各種不良的閱讀習慣。

Guide Book 318

《超強學習力訓練法》

MONICA HU◎著　定價250元

沒有學習能力不好的人，只有不懂得如何學習的人

本書整理出5大超強學習力訓練法，及136個超強學習力訓練測驗，幫助你找到最適合自己且最有效率的學習方法。台北教育大學校長莊淇 、醫學博士徐養民醫師、輔大織品服裝系講師尹成達……等專家熱情推薦。

Guide Book 306

《超強力記憶訓練法》

布拉德·喬伊斯◎著　王笑東◎譯　定價220元

8大神奇記憶魔法、100%開發腦力潛能

本書運用8大神奇的記憶魔法、4大鞏固記憶的基礎，透過條列、漸進式的練習和視、聽、觸覺結合的實例測驗，增強、開發記憶潛能，且快速、過目不忘地記住所有的資訊，善用知識創造奇蹟。

Guide Book 305

《10倍速影像閱讀法》

保羅·席利◎著　李毓昭◎譯　定價200元

60頁／分，徹底顛覆常識的速讀術！

本書鉅細靡遺地完全公開，最強、最有效的學習、辦公技巧和工具，只要運用影像閱讀法，就能讓你一天輕鬆看完一本書，還能增強精神集中力、提高記憶力！

Guide Book 201

《從○開始做企劃》

弘兼憲史著　李毓昭譯　定價220元

由知名商業漫畫家弘兼憲史所撰寫的企劃入門書，帶領所有不擅長撰寫企劃書的人們，從○開始一步步地學習企劃書的撰寫要點，從而邁向企劃高手之門。

Guide Book 202

《從○開始畫水彩》

大友ヨーコ著　黃郁婷譯　定價200元

水彩畫其實很簡單！只要有這本書，一切都搞定！

從最基本鉛筆素描開始引導，循序學習水彩畫法中的技法。讓不擅繪畫的人，也能自信滿滿地畫出美麗的水彩畫。

Guide Book 203

《從○開始圖解西洋名畫》

陳彬彬著　定價250元

以圖解的方式，教你欣賞世界名畫的角度與重點。欣賞世界名畫，重點不在於「看」過幾百幅，「記住」多少理論，而是要知道怎麼「欣賞」透過畫作細部的圖解，相信你會發現以前不曾注意的細節，進而找到全新的趣味。

Guide Book 204

《從○開始圖解達文西》

陳彬彬著　定價250元

達文西的世界就像浩瀚無垠的大海，想瞭解他的深度和廣度，絕不是區區一幅《蒙娜麗莎》，或一本《達文西密碼》就可以辦到。就讓本書以圖解的方式，教你解讀達文西的各種發明創作與繪畫技巧，你將會發現驚奇無所不在！

晨星叢書004

《有自信！天天都快樂》

金子由紀子監修　ひらいみも繪圖　定價220元

過去的每一天，你都是在公司與家庭間來回地忙碌著嗎？是不是總覺得壓力很大、事情很多、生活被攪得一團亂，恨不得有三頭六臂，或是一天有36小時給你用！何不試著好好地利用早晚的時間呢？就讓這本小書告訴你各種足以大大改變生活小祕訣。

晨星叢書005

《你好！我是噗噗醬》

小猴與噗噗醬合著　定價199元

一隻搞笑的兔子＋壹台窮酸的傻瓜數位相機＝寵物新生活運動

這是一隻長得不太可愛、又不起眼、又跟大老鼠有幾分神似的迷你兔，在面對兔生的十字路口時最終選擇搞笑路線，立志成爲兔子界中首屈一指的男扮女裝厲害諧星的故事。

晨星叢書006

《打造我們的窩》

川上雪著　連雪雅譯　定價250元

作者結合自己與許多人的相關經驗，教你以最簡便且有效率的方式擁有自己的新家，講解清楚所有細節，對於雙薪家庭與上班族而言，再也不用擔心搬新家的瑣碎事務，依照書中步驟進行，就能輕鬆擁有最適合自己的幸福小空間。

晨星叢書007

《橫衝直撞的旅行》

武田ちょっこ著　李毓昭譯　定價250元

作者以一介東京上班族，爲了省錢參加便宜狩獵旅行團，但卻又爲了親眼目睹可愛的野生動物不惜金錢旅行世界各地。從非洲肯亞、剛果、婆羅洲到加拿大的馬德蘭島，展開一連串驚奇、搞笑、無厘頭式的冒險之旅……

Guide Book 328

油漆式速記法

作者　吳 燦 銘
主編　莊 雅 琦
編輯　曾 明 鈺
編輯助理　游 薇 蓉
排版　王 廷 芬

發行人　陳銘民
發行所　晨星出版有限公司
台中市407工業區30路1號
TEL：（04）23595820 FAX：（04）2355-0581
E-mail：morning@morningstar.com.tw
http：//www.morningstar.com.tw
行政院新聞局局版台業字第2500號
法律顧問　甘龍強律師
承製　知己圖書股份有限公司　TEL：（04）23581803
初版　西元2009年10月30日

總經銷　知己圖書股份有限公司
郵政劃撥：15060393
（台北公司）台北市106羅斯福路二段95號4F之3
TEL：（02）23672044　FAX：（02）23635741
（台中公司）台中市407工業區30路1號
TEL：（04）23595819　FAX：（04）23597123

定價 250 元
ISBN 978-986-177-305-6

Printed in Taiwan

國家圖書館出版品預行編目資料

油漆式速記法／吳燦銘著.－－初版.－－臺中市：晨星，2009.10

面；　公分.－－（Guide Book；328）

參考書目：面

ISBN 978-986-177-305-6（平裝）

1.速讀 2.速記 3.學習方法

019.1　　98014051

◆讀者回函卡◆

以下資料或許太過繁瑣，但卻是我們瞭解您的唯一途徑
誠摯期待能與您在下一本書中相逢，讓我們一起從閱讀中尋找樂趣吧！

姓名：__________ 別：□男 □女 生日： / /

教育程度：__________

職業：□學生 □教師 □內勤職員 □家庭主婦
□SOHO族 □企業主管 □服務業 □製造業
□醫藥護理 □軍警 □資訊業 □銷售業務
□其他 __________

E-mail：__________ 聯絡電話：__________

聯絡地址：□□□ __________

購買書名：油漆式速記法

・本書中最吸引您的是哪一篇文章或哪一段話呢？ __________

・誘使您 買此書的原因？

□於 ______ 書店尋找新知時 □看 ______ 報時瞄到 □受海報或文案吸引
□翻閱 ______ 雜誌時 □親朋好友拍胸脯保證 □ ______ 電台DJ熱情推薦
□其他編輯萬萬想不到的過程：__________

・對於本書的評分？（請填代號：1. 很滿意 2. OK啦！ 3. 尚可 4. 需改進）

封面設計 ______ 版面編排 ______ 內容 ______ 文／譯筆 ______

・美好的事物、聲音或影像都很吸引人，但究竟是怎樣的書最能吸引您呢？

□價格殺紅眼的書 □內容符合需求 □贈品大碗又滿意 □我誓死效忠此作者
□晨星出版，必屬佳作！ □千里相逢，即是有緣 □其他原因，請務必告訴我們！

____

・您與眾不同的閱讀品味，也請務必與我們分享：

□哲學 □心理學 □宗教 □自然生態 □流行趨勢 □醫療保健
□財經企管 □史地 □傳記 □文學 □散文 □原住民
□小說 □親子叢書 □休閒旅遊 □其他 __________

以上問題想必耗去您不少心力，爲免這份心血白費

請務必將此回函郵寄回本社，或傳眞至（04）2359-7123，感謝！
若行有餘力，也請不吝賜教，好讓我們可以出版更多更好的書！

・其他意見：

晨星出版有限公司 編輯群，感謝您！

請填妥後對折裝訂，直接投郵即可，免貼郵票。

廣告回函
台灣中區郵政管理局
登記證第267號
免貼郵票

407
台中市工業區30路1號
晨星出版有限公司

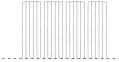

請沿虛線摺下裝訂，謝謝！

更方便的購書方式：

1 網站：http://www.morningstar.com.tw
2 郵政劃撥 帳號：15060393
戶名：知己圖書股份有限公司
請於通信欄中註明欲購買之書名及數量
3 電話訂購：如爲大量團購可直接撥客服專線洽詢

◎ 如需詳細書目可上網查詢或來電索取。
◎ 客服專線：04-23595819#230 傳眞：04-23597123
◎ 客戶信箱：service@morningstar.com.tw